어번던스 코드

당신의 무한한 가능성을 깨우는 기적의 비밀코드
어번던스 코드 Abundance Code

초판 1쇄 인쇄 2025년 12월 26일
초판 1쇄 발행 2026년 01월 05일

지은이 윤유리

대표 장선희　**총괄** 이영철
기획편집 정시아, 안미성, 오향림, 배인혜
마케팅 장동철, 이은진, 서세원, 박현우
디자인 이승은, 장혜미　**경영관리** 전선애
외주디자인 별을잡는그물 양미정

펴낸곳 서사원(주)　**출판등록** 제2023-000199호
주소 서울시 마포구 성암로 330 DMC첨단산업센터 713호
전화 02-898-8778　**팩스** 02-6008-1673　**이메일** cr@seosawon.com

홈페이지　인스타그램

ⓒ 윤유리, 2025

ISBN 979-11-6822-525-1 03190

- 이 책은 저작권법에 따라 보호를 받는 저작물이므로 무단 전재와 무단 복제를 금지합니다.
- 이 책 내용의 전부 또는 일부를 이용하려면 반드시 저작권자와 서사원 주식회사의 서면 동의를 받아야 합니다.
- 잘못된 책은 구입하신 서점에서 바꿔 드립니다. • 책값은 뒤표지에 있습니다.

 서사원은 독자 여러분의 책에 관한 아이디어와 원고 투고를 설레는 마음으로 기다리고 있습니다. 책으로 엮기를 원하는 아이디어가 있는 분은 서사원 홈페이지의 '출간 문의'로 원고와 출간 기획서를 보내주세요. 고민을 멈추고 실행해보세요. 꿈이 이루어집니다.

당신의 무한한 가능성을 깨우는 기적의 비밀코드

Abundance Code
어번던스 코드

윤유리 지음

서사원

추천사

"나는 누구인가, 무엇을 원하는가?"
당신의 대답은?

　7~8년 전 런던의 화창한 여름날, 거리 밖 작은 식당 테이블에 마주 앉아 윤유리 씨와 점심을 나누던 순간이 지금도 생생하다. 아름답고 젊은 전문직 여성, 변호사이자 세무사, 회계사로 커리어의 정점에 서 있던 그녀는 모든 것을 갖춘 듯 보였지만, 사슴 같은 큰 눈동자 속에는 설명하기 어려운 슬픔과 흔들림이 머물러 있었다. 이후의 만남을 통해 그녀의 내면에 깊은 아픔과 방황이 존재한다는 것을 알게 되었다. 외부의 기준에 맞추어 살아오느라 자신을 잃어버린 채, 성공 뒤의 공허함과 불안을 혼자 견디고 있던 시간이었다.

　하지만 몇 년이 지나 서울에서 다시 마주한 그녀의 눈빛은 완전히 달라져 있었다. 예전의 슬픔이 사라지고, 평온함과 환한 확신이 깃든 눈동자로 변해 있었다. 마치 내면에서부터 빛이 차오르는 사람을 보는 듯했다. 그 변화가 어디에서 왔는지 궁금했는데 그녀는 조용히 "명상이 제 삶을 바꿔놓았어요"라고 말했다.

이 책은 바로 그 변화의 이유이자, 그녀가 스스로에게 돌아간 여정을 담은 기록이다. 명상은 그녀에게 단순한 심신의 휴식이 아니라, 자신을 잃어버린 순간 다시 본래의 중심을 찾아가는 도구였다. 외부의 평가와 기대에서 벗어나 내면의 목소리를 듣고, 그 목소리로 삶을 재정렬하는 과정이자, 그녀 자신의 본질로 돌아가는 과정이었다. 명상을 통해 그녀는 감정의 파도에 흔들리지 않는 중심, 즉 메타인지의 힘을 키웠고, 그 힘은 그녀의 커리어를 새로운 차원으로 확장시켰다.

그리고 이 책의 가장 큰 강점은, 단순한 영감의 기록이나 안내서를 넘어 명상을 일상에 어떻게 적용할지, 처음 시작하는 사람도 실천할 수 있는 구체적이고 실용적인 방법들을 직접 제시하고 있다는 점이다. 하루 10분으로 내면을 정리하는 법, 목표를 시각화하고 현실로 끌어당기는 방식, 불안과 긴장을 다루는 기술 등, 그녀가 삶에서 직접 검증한 명상 툴들이 담겨 있어 누구라도 바로 따라 해볼 수 있다. 그녀의 경험에서 비롯된 이 실천적 지침들은 막연한 '내면의 평화'가 아니라 실제 삶을 단단하게 바꾸는 기술로서의 명상을 보여준다.

이 책은 변화가 필요하지만 어디서부터 시작해야 할지 모르는 사람들에게, 더 이상 미뤄둘 수 없는 질문—"나는 누구인가,

무엇을 원하는가"—에 답을 찾도록 이끌어주는 조용하지만 강력한 동반자가 될 것이다. 그녀가 그러했듯, 이 책을 읽는 많은 이들도 자신의 내면에서 다시 빛을 찾게 되리라 믿는다.

_박은하, 전)주영국 대사, 외교부 전)공공외교대사

    윤유리 변호사를 만난 건 15년 전이었다. 그녀는 너무나 화사했고, 놀라웠고, 예뻤다. 세상에 저 가녀린 사람이 영국의 변호사에 세무사에 회계사라니. 게다가 그녀는 겸손하기까지 했다. '느슨한 나'와 '팽팽한 그녀'는 접점이 없을 것처럼 보였지만 우리는 서로를 진심으로 좋아했다. 내게 없는 것이 그녀에게 있었다. 어쩌면 그녀에게 없는 것이 내게 있었을지도 모르겠다. 윤유리 변호사가 명상과 접속했을 때 나는 정말 기뻤다. 느긋하고 맑아진 그녀를 만났을 때, 뜨거운 감정이 북받쳐 올랐다. 그녀가 자신과 오롯이 마주 앉아 더 멋진 세계를 만나게 된 것이 누구보다 기뻐서였다. 처음 만났을 때 예뻤던 그녀는 아름다운 그녀가 되었다. 그녀가 이룬 성취 때문이 아니라 그녀가 택한 영혼의 걸음걸이가 더없이 아름다웠기 때문이다. 삶의 속도를 늦추고 자신을 바라보는 윤유리 변호사는 많은 이들의 롤 모델이 되기에 충분하다. 하늘도 날아보고, 바닥에도 닿아보고, 빠르게도 달려보고, 느긋하고 유연해지기도 했으니 이젠 길을 잃은 누군가의 손을 잡아주기에 충분한 경지에 이르렀을 것이다. 이 책을 통해 윤유리 변호사가 전하는 메시지가 또 누군가를 다정한 곳으로 이끌 것이라고 믿는다.

_김미라, KBS 클래식 〈세상의 모든 음악〉 방송작가

　유리 님의 이야기는 단순한 성공담이 아니다. 한 인간이 자신의 존재를 다시 깨우는 여정에 대한 아름다운 기록이자 강력한 증명이다. 코칭을 하며 수많은 삶의 전환점을 지켜봐왔지만, 유리 님의 여정은 그중에서도 특별했다. 승무원에서 영국 로펌의 파트너가 되기까지, 삶의 예측 불가능한 파도 속에서도 무너지지 않고 다시 중심을 회복하며 일어서는 그녀의 모습은 그 자체로 살아 있는 트랜스포메이션이었다. 그 여정을 지탱한 힘은 화려한 기술도, 압도적인 전략도 아니었다. 그녀가 스스로에게 되돌아갔던 고요한 시간, 바로 명상이었다. 명상을 통해 그녀는 단순히 불안을 잠재운 것이 아니라 내면과 깊이 대화하는 법, 마음의 가장 깊은 곳에서 삶의 방향성을 길어 올리는 법, 그리고 존재가 확장될 때 외면의 현실도 바뀐다는 근본적인 진리를 체득했다. 내가 '존재 기반 트랜스포메이션'이라 부르는 철학을 유리 님은 삶을 통해 고스란히 증명해낸 것이다.

　이 책은 단순히 "명상을 해보세요"라고 권하지 않는다. 명상을 통해 사고가 어떻게 확장되고, 메타인지가 어떻게 깨어나며, 현실의 문제를 전혀 다른 차원에서 바라보게 되는지, 그 변화의

작동 원리를 저자의 삶 자체로 보여준다. 삶의 진정한 전환점은 거대한 결심에서 시작되는 것이 아니다. '지금 이 자리의 나'를 깊이 바라보는 순간 시작된다. 그리고 명상은 그 길로 들어서는 가장 따뜻하고 안전한 문이다. 이 책을 덮는 순간, 독자들은 조용한 확신을 마주하게 될 것이다. "나도 다시 시작할 수 있다. 그리고 그 시작은 지금 이 순간, 내 안에서 이미 일어나고 있다."

_서승범, 비즈니스 트랜스포메이션 코치, 존재 기반 비즈니스 멘토

명상은 단순한 쉼이 아니라 '넘어지는 연습'을 통해 두려움 없이 다시 일어서는 회복탄력성의 기술이다. 필자는 '통제할 수 없는 환경' 대신 '통제할 수 있는 나'에 집중하며, 승무원에서 영국 로펌 파트너로 자신의 운명을 재설계했다. 이 책은 명상을 다루지만, 사실은 '미래를 다시 쓰는 힘'에 관한 선언문이다. 내면을 정렬하면 방향이 보이고, 존재를 확장하면 삶이 달라진다는 것을 필자의 여정이 증명한다. 지금보다 더 큰 나로 건너가고 싶은 이들에게 이 책은 가장 빠르고 정확한 출발점이 될 것이다.

_김영휴, 주)씨크릿우먼, 전)대전세종충남여성벤처협회장

프롤로그

'어떻게'가 아니라 '누구로' 살아가는지가 모든 것을 결정한다

 인생은 게임이다. 매일 닥치는 문제를 해결하는 게임이 아니라 존재를 확장하는 게임이다. 처음 이 책을 쓰기 시작할 때 떠올린 대상은 20대 말, 30대 초반의 나였다. 낯선 곳에서 새로운 인생을 마주하고 있었지만, 용기는 부족했고, 불안했고, '너무 늦은 건 아닐까?' '내가 과연 할 수 있을까?'라는 막막함과 세상에 홀로 남겨진 것 같은 공포로 숨조차 쉬기 힘들었던 그 시절. 나는 그때의 나에게 이렇게 말해주고 싶었다.
 "두려움은 방향이고, 불안은 신호야. 그것들은 막는 게 아니라 통과하는 거야. 네가 가려는 길이 맞기 때문에 지금 떨리는 거야."
 글을 쓰다 보니, 이 책은 완전히 다른 나에게도 말을 걸고 있었다. 성공의 정상에서 문득 뒤를 돌아봤을 때 "나는 다 이뤘는

데… 왜 나는 없지?" 의문이 들었지만, 타인의 기대치에 맞춰 '행복한 척' 하느라 소리 내어 울지도 못했던 끊임없이 공허하고 여전히 불안한 40대의 나. 이 책은 그에게도 말하고 있다.

"너를 잃은 게 아니라, 다시 태어나려 하고 있었던 거야."

이 책은 또 다른 나, 열심히 달리고, 사랑하는 사람들을 위해 헌신하고, 가정을 위해, 생계를 위해, 책임을 위해 나를 뒤로 미루며 버텨온 평범한 50~60대, "내게 남은 건 무엇일까?" 하는 허탈함에 노후가 불안한 그들에게도 꼭 해주고 싶은 말이 되었다.

"당신의 삶은 이미 누군가에게는 빛이었고, 이제 그 빛을 당신 자신에게도 비춰줄 시간이 왔습니다."

그리고 마지막으로, 내 앞에서 성장통을 겪으며 애벌레가 나비로 변하는 눈부신 변화를 통과하고 있는 나의 아이들, 자유롭고 아름다운 나비가 되기 위해 자아의 껍질을 벗고, 자아의 죽음을 경험하고 있는 찬란한 10대의 아이들에게도 전하고 싶은 이야기가 되었다.

"지금 느끼는 혼란과 답답함은 네가 잘못된 것이 아니라, 네 날개가 자라고 있다는 가장 아름다운 증거란다."

그래서 이 책은 결국 인생의 네 시기를 관통하는 '한 존재'에게 쓰는 같은 이야기다. 시작하려는 나, 이루었지만 공허한 나, 책임으로 지친 나, 그리고 새로 태어나고 있는 나. 그리고 모든

'나'에게 꺼내주고 싶은 단 하나의 메시지는 바로 이것이다.

"당신은 태어날 때부터 무한한 존재였고, 지금도 그러하며, 앞으로도 변함없이 그러할 것이다."

이 책이 그 사실을 다시 기억하게 하는 당신만의 비밀코드가 되기를 바란다.

차례

추천사 | "나는 누구인가, 무엇을 원하는가?" 당신의 대답은? • 04
프롤로그 | '어떻게'가 아니라 '누구로' 살아가는지가 모든 것을 결정한다 • 09

1장 | 왜 명상이었을까?

승무원에서 변호사가 된 여정 • 17
좌절은 인생의 모멘텀을 바꾸는 축복이다 • 23
삶이 바쁠수록 내면의 균형이 필요하다 • 28
어떻게 명상이 삶과 커리어의 변곡점이 되었을까? • 34
명상은 삶의 태도를 바꾼다 • 41
내면이 안정되면 커리어가 달라진다 • 47
영국 로펌에서 살아남을 수 있었던 이유 • 53
삶의 전환기에 명상으로 깨달은 방향성 • 59

2장 | 변화는 내면에서 시작된다

명상을 통해 발견한 '앎'의 의미 • 67
비전 설정과 성공의 기초는 나를 아는 것이다 • 76
타인의 기준이 아닌 나만의 기준을 세우자 • 83
어려움 속에서 깨달은 통찰과 내적 성장 • 90
마음을 정리하면 삶이 단순해진다 • 97
명상을 하면 자기 확신과 용기가 생긴다 • 103
온전한 나로 살아가는 법 • 110
자아 탐색을 돕는 명상의 실전 방법 • 117

3장 | 삶을 바꾸는 명상의 힘

명상으로 삶을 새롭게 창조하는 과정 • 127
하루를 시작하는 명상의 힘 • 134
삶과 커리어의 균형을 맞추며 얻은 깨달음 • 140
삶의 소음 속에서 침묵을 찾다 • 147
자존감을 키우는 명상의 힘 • 154
인간관계와 명상의 관계 • 160
감정기복을 다스리는 명상법 • 167
스트레스를 기회로 만드는 명상 활용법 • 175

4장 | 성공을 설계하는 마음의 기술

승무원에서 변호사, 회계사, 세무사 자격증까지 • 185
복잡한 법률 자문을 명상으로 해결한 실제 사례 • 192
명상이 어떻게 전문성을 확장하고 성공을 도왔을까? • 198
명상이 어떻게 직장, 비즈니스, 창업, 리더십과 연결될 수 있는가? • 205
자기계발과 명상의 상관관계 • 210
목표를 이루기 위한 마인드셋 구축 • 215
일의 몰입도를 높이는 명상의 역할 • 219
성공한 사람들의 비밀 루틴 • 224

5장 | 삶을 바꾸는 가장 작은 습관

명상으로 비전과 목표를 설정하는 방법 • 231
삶의 변화를 위한 구체적인 실천 팁 • 238
내면의 안정과 외적 성공을 조화롭게 만드는 명상 전략 • 248
앎에서 삶으로 일상이 명상인 삶 • 259
누구나 쉽게 시작할 수 있는 명상 루틴 • 264
명상과 자기계발을 병행하는 방법 • 272
명상을 통한 자신감 회복과 내면의 단단함 기르기 • 281
지속 가능한 변화를 만드는 도구들, 미래에서 온 답장 • 289

에필로그 | 당신의 '무한한 존재'를 깨우는 기적의 비밀코드 • 296

1

왜 명상이었을까?

승무원에서
변호사가 된 여정

"나는 환경이 아니라, 나의 선택에 의해 만들어진다."

이 단순한 진리를 깨닫기까지 많은 시간이 걸렸다. 승무원에서 변호사로, 그리고 영국 로펌의 파트너가 되기까지 수많은 전환점을 경험했다. 그리고 매 순간 명상이 나를 지탱하는 힘이 되어주었다. 그 과정에서 나는 삶의 모든 구조를 꿰뚫는 공통된 원리를 발견했다. 나는 그것을 뒤에 소개하는 'Abundance Code(풍요 코드)'라고 부른다. 명상은 이 코드에 접속하는 문이었고, Abundance Code는 내면의 힘을 현실로 연결해 모든 면에서 풍요로운 삶을 창조하게 하는 구조이다. 이 코드를 발견한 이후 지금까지 내 삶의 모든 여정은 이 코드를 실천하는 과정이었다. 하지만 20대의 나는 그저 "더 넓은 세상으로 가고 싶다"는 막연한 열망만 있었다. 정확한 목표도 계획도 없었다. 그저 답답한 현실에서 벗어나기 위해 '나만의 길'을 찾아 헤매고 있었다.

비행기에서 바라본 세상, 그리고 더 큰 꿈

나는 대학에서 무역학을 전공했다. 주위 사람들은 안정적인 직장을 원했고, 나 역시 남들과 비슷한 길을 가야 한다고 생각했다. 하지만 투자 은행에서의 아르바이트 경험은 내 기대와 정반대였다. 남자는 자금부에서 핵심 업무를 하고, 여자는 은행 창구에서 고객을 상대하는 모습을 보며 처음으로 질문하기 시작했다.

"이게 내가 원하는 미래일까?"

매일 같은 자리에서 같은 일을 반복하는 삶이 갑갑하게 느껴졌다. 나는 더 넓은 세상을 보고 싶었고, 그래서 승무원이 되기로 결심했다. 항공사에 입사한 후 처음 비행기를 타던 날을 아직도 생생히 기억한다. 창밖으로 펼쳐진 구름 위 세상, 내가 처음으로 한국을 벗어나 새로운 세계를 만나는 순간이었다. 방콕, 뉴욕, 런던, 파리 비행을 하면 할수록 더 큰 꿈이 생겼다. 세계를 여행하는 것은 즐거웠지만, '이 일을 평생 할 수 있을까?'라는 의문도 점점 커져갔다. 그때까지만 해도 내 삶을 계획하고 살지 않았다. 다만 변화를 원했고, 막연하게 더 나은 삶이 있을 거라고 믿었다.

바닥까지 가보면
무엇이든 할 수 있다

아시아나 항공에서 시작해 델타 항공, 영국 항공까지, 승무원으로 일한 지 5년째 되던 해, 외환 위기가 터졌다. 항공업계도 위기를 맞이고, 영국 항공에서 일하던 한국인 승무원 전원이 정리 해고 대상이 되었다. '설마 내가 실직자가 될 줄은 몰랐어'. 정리해고 통보를 받던 날, 한참을 멍하니 있었다. 그렇게 승무원 생활이 끝났다.

그리고 처음으로 깨달았다. 내가 다니는 회사가 곧 내 삶이 되어선 안 된다. 나는 여태 '외국 항공사 승무원'이라는 타이틀로 나를 정의했지만, 그것이 사라진 순간 '아무것도 아닌 사람'이 되어버린 것 같았다.

그때부터 내가 누구인지, 앞으로 무엇을 해야 할지, 깊은 고민을 시작했다. 마지막 비행을 하고 돌아오기 전 런던 호텔에 홀로 남겨진 나는 완전히 바닥까지 떨어졌다고 느꼈다. 집에 누워 있다가도 불안감이 몰려왔다. '이제 무엇을 해야 하지?' 그런데 바닥까지 내려가고 나니, 더 이상 잃을 것이 없었다. 그래서 결심했다. 다시는 내가 속한 조직이 없어지면 나도 없어지는 경험은 하지 말자. 다시 공부를 시작하기로 했다. MBA에 도전해 보기로 한 것이다.

그냥 하면 마술처럼 길이 열린다_
유학을 결심하다

MBA를 하겠다고 했을 때, 주변에서는 승무원이 무슨 MBA냐는 반응이 많았다. 하지만 이미 결심했고 실천만 남아 있었다. 일단 GMAT 시험을 봐야 했는데, 강남의 학원에서 공부하려니 직장도 없는 내게 고액의 수업료는 부담이 되었다. 차라리 그 돈으로 현지에서 혼자 준비하자며 런던으로 날아갔다. 런던의 작은 카페에서 하루 종일 문제를 풀었고, 도서관에서 신문이나 책을 읽으며 현지 영어 감각을 익혔다.

정말 놀라운 일은, 그냥 시작하니 길이 생겼다는 것이었다. 공부를 하면서 점점 자신감이 생겼고, 몇 번의 도전 끝에 영국의 MBA 과정에 입학할 수 있었다. 그때 배운 것이 있다. 막막해도 그냥 시작하면 길이 보인다. 모든 것은 한 걸음부터 시작된다. MBA 과정을 하면서 인생 처음으로 '법'을 접하게 되었다. 그리고 아버지의 못다 이룬 꿈이었던 변호사가 되고 싶다는 걸 알았다. 하지만 법을 전공한 적이 없었기에 변호사가 되려면 로스쿨을 가야 했다.

수많은 장벽이 있었지만, 이미 외환 위기를 겪으면서 바닥을 경험한 상태였다. 더 이상 실패가 두렵지 않았다. 낮에는 직장에 다니고, 밤에는 로스쿨에 다니며 공부했다. 그리고 변호사 자격시험을 준비하면서, 동시에 회계사 시험까지 도전했다. 그렇게 몇 년이 지나고, 변호사, 회계사, 세무사 자격증을 모두 갖춘 사람이 되어 있었다. 이 과정에서 크게 배운 것은 세 가지다.

1. 큰 변화를 원한다면 기존의 익숙한 길에서 벗어나야 한다.
2. 바람을 거슬러야 방향을 바꿀 수 있다.
3. 노력하면 행운은 제곱으로 찾아온다. [1]

명상과의 첫 만남
내면을 들여다보기 시작하다

승무원에서 영국 변호사가 되기까지 끊임없이 도전하며 달려왔다. 하지만 변호사가 되고 난 후 또 다른 공허함이 찾아왔다. 꿈꿔왔던 안정적인 직장, 높은 연봉, 사회적 지위, 모든 것을 가졌지만 여전히 불안했다. 내 인생의 방향을 바꾸는 중요한 결정을 내렸음에도 불구하고, 가끔은 "제대로 가고 있는 걸까?" 하는 의문이 들었다. 그러던 어느 날 우연히 이 의문에 대한 답이 들렸다. 수습 변호사 시절 큰 인수합병 딜을 하던 중 같이 일하던 영국인 동료가 말했다.

"네 마음이 너무 바빠 보여. 5분만 눈을 감고 조용히 있어 봐."

처음에는 어색했지만, 그의 조언대로 눈을 감고 조용히 호흡을 가다듬었다. 처음으로 내 안을 들여다보는 순간이었다. 마치 수면이 잔잔해지는 것처럼 머릿속이 정리되었다. 불안했던 감정이 잠시 사라졌고, 오로지 내 호흡에 집중할 수 있었다. 그때 처음으로 깨달았다.

"나 자신을 진짜로 들여다본 적이 없구나."

이것이 내가 명상과 처음 만난 순간이었다. 처음에는 단순한 호흡 연습이었다. 하지만 명상이 깊어지면서 점점 내가 누구인지, 내가 왜 이렇게 살아왔는지, 깊은 질문을 던지기 시작했다. 그리고 깨달았다. 내가 원하는 것은 단순한 '성공'이 아니라, 내면의 평온과 균형 잡힌 삶이라는 것을.

돌이켜보면 처음부터 변호사가 되겠다는 목표를 가지고 살지는 않았다. 그저 새로운 경험을 원했고, 변화하고 싶었을 뿐이다. 하지만 막연한 방향이라도 움직이기 시작하니 길이 보였다. 그리고 바닥까지 떨어져 더 이상 잃을 것이 없어지면 오히려 용기가 생기는 것을 경험했다. 하지만 무엇보다 그 과정에서 나 자신을 잃지 않는 것이 중요하다는 것을 깨달았다. 명상을 통해 잃어버렸던 나를 찾기 시작했고, 그것이 앞으로의 내 삶을 바꿔놓을 것임을 직감했다.

좌절은 인생의 모멘텀을
바꾸는 축복이다

"어떤 문이 닫히면, 다른 문이 열린다."

이 말은 익숙하지만 실제로 그 순간을 맞닥뜨리면 받아들이기가 쉽지 않다. 실직을 경험하기 전까지는 늘 계획한 대로 인생이 흘러갈 것이라 믿었다. 하지만 1990년대 말 외환 위기와 함께 모든 것이 한순간에 무너졌을 때, 어떤 실패는 인생의 방향을 완전히 바꿔놓는 축복이 될 수 있다는 것을 경험하게 되었다.

승무원이 되기까지는 늘 계획적이었다. 조기 졸업 예정자로 대학을 졸업하기도 전에 항공사에 합격하며 커리어를 쌓아가던 내 삶은 예상 가능한 궤적을 그리고 있었다. 그러나 영국 항공에서 해고된 순간 처음으로 아무것도 예상할 수 없는 삶과 마주하게 되었다.

내가 쌓아왔던 직업적 정체성, 생활방식, 안정감이 하루아침에 사라졌다. 비행이 없는 날이면 클럽에서 친구들과 시간을 보내고, 세계 곳곳을 비지니스석을 타고 여행하며 5성급 호텔에서만 묵던 화려한 삶을 살던 나. 어제까지는 아무 걱정 없이 런던과 서울을 오가던 내가 단 한 번의 회사 결정으로, 완전히 다른 삶을 고민해야 하는 사람이 되어 있었다. 그때까지 나의 능력보다 나를 둘러싼 환경이 나를 만들어 준다고 믿었다. 그러나 곧 깨달았다. 내가 속한 회사, 내가 가진 직업이 나의 전부가 아니었다. 그것은 단지 내 삶의 한 챕터일 뿐이었다. 그리고 나는 내 인생의 다음 챕터를 직접 써 내려갈 참이었다.

인생의 리셋 버튼을 누르다_
다시 시작하는 용기

영국 항공의 해고 소식을 들었을 때, 처음엔 믿을 수 없었다. 그건 내 인생 계획에 없던 일이었다. 그러나 감정이 가라앉은 후 스스로에게 물었다. "이 기회를 완전히 새로운 방향으로 활용할 수는 없을까?" 다시 영국으로 돌아가 완전히 새로운 커리어를 만들어보기로 결심했다.

당시 내 나이는 20대 후반. 지금까지의 커리어와 완전히 다른 길을 선택하기엔 너무 늦은 것은 아닐까? 하지만 후일 깨닫게 된다. 어떤 길이든 다시 시작할 수 있는 용기를 낸다면, 그것이 곧 내 새로운 모멘텀이 된다는 것을.

기존에 하던 일과 완전히 다른 분야를 공부하기로 결심했다. 처음엔 같은 서비스업인 호텔 경영을 고려했지만, 보다 더 넓은 기회를 갖기 위해 MBA를 선택했다. MBA를 하기 위해서는 GMAT와 영어 시험 성적이 필요했다. 영어는 어느 정도 자신이 있었지만, GMAT은 처음 접하는 시험이었다. 강남의 GMAT 학원에 등록했지만, 수강료도 너무 비쌌고 3개월을 학원에서 보내는 것보다는 '차라리 직접 영국으로 가서 공부하는 것이 낫지 않을까?' 하는 생각이 들었다.

그래서 아무런 보장도 없는 상태에서 런던행 비행기를 탔다. 낯선 영국 할머니가 혼자 사시는 집에서 홈스테이를 하며 하루 종일 영어로 생활했다. 공부할 때는 도서관에 틀어박혀 문제를 풀고, 길을 걸으며 시험 관련 CD를 들었고, 카페에서는 외국인과 대화를 시도하며 언어 감각을 익혔다. 결국 몇 번의 시행착오 끝에 원하는 GMAT 점수를 받을 수 있었고, 당시 영국 내 TOP 5 MBA 대학 중 하나인 바쓰(Bath) 대학에 합격할 수 있었다. MBA를 마치고 변호사로 전환하면서 낮에는 삼성 영국 본사에서 일하고, 밤에는 로스쿨 공부를 했고, 주말에는 회계사 시험을 준비했다. 그렇게 나는 인생의 리셋 버튼을 눌렀다. 승무원으로 살아온 5년을 뒤로하고, 완전히 새로운 챕터를 열었다.

영국에서 살아남을 수 있을까?

MBA 과정을 준비하면서 한 가지 실험을 해보기로 했다. '영국에서 직업 없이, 돈 없이도 살아남을 수 있을까?'

내 자신을 완전히 새로운 환경에 던져보기로 했다. 어느 날 길을 가다가 런던의 한 한국 음식점에 들어가 일을 구했다. 낮에는 학원이나 도서관에서 공부하고, 밤에는 웨이트리스로 일했다. 저녁 내내 종일 서빙을 하고 집에 오면 머리카락에까지 음식 냄새가 배어 있었다. 그럼에도 '적어도 굶어 죽지는 않겠구나' 하는 자신감을 얻었다.

하지만 거기에 만족하지 않았다. '영국 현지인처럼 일해보고 싶어!' 무작정 런던 시내 한복판에 있는 펍(pub)에 들어가서 "혹시 직원이 필요하세요?"라고 물었다. 그리고 그날 바로 채용이 되었다. 그 펍은 런던에서 100년 이상 된 전통 있는 곳으로 사빌로(Saville Row)라는 신사들의 고급 맞춤 정장을 파는 유명한 거리의 코너에 있었다. 주중에는 런던 미디어계에서 일하는 단골들이 맥주 한 잔을 즐기러 오고, 주말에는 관광객들이 몰려들었다. 단골손님 중에는 근처에서 작은 극장을 운영하시는 분과 사진작가도 있었다. 그리고 그들에게 사진 모델 제안을 받기도 했다. 처음에는 맥주 종류도 잘 몰랐다. 칵테일 이름도 생소했다. 하지만 손님들에게 직접 배우며 하나씩 익혀갔다. 무엇보다도 이 경험을 통해 어떤 환경에서도 나만의 방식으로 살아남을 수 있다는 자신감을 얻었다.

좌절은 인생의 방향을 바꿀 수 있는 축복이다

당시에는 몰랐지만, 돌이켜보니 실직과 영국 유학 과정을 거치면서 명상이 주는 힘을 실감하게 되었던 것 같다. 삶의 위기를 맞닥뜨릴 때 "이것이 내게 주어진 새로운 기회일지도 모른다"라고 해석하는 것은 결국 나 자신에게 달려 있었다.

영국 항공에서 해고된 덕분에 영국의 MBA에 도전했고, 훗날 영국 로펌의 파트너가 되는 길을 열었다. 이 모든 과정은 결코 계획된 것이 아니었다. 오히려 좌절을 내 인생의 새로운 가능성을 여는 전환점으로 받아들이는 법을 배웠다. 그때 그 좌절이 없었다면 나는 이 자리에 있지 않았을 것이다.

좌절이란 결국 새로운 방향으로 나아갈 수 있도록 인생이 보내는 신호일지도 모른다. 그때부터 나는 내 실패를 다르게 해석하기 시작했다. 이건 끝이 아니라 새로운 시작이다. 그러니 좌절을 두려워하지 말자. 그 실패가 나를 어디로 데려갈지 아무도 모르니까. 어쩌면 그것이 우리 인생에서 가장 멋진 기회를 열어줄지도 모른다. 자, 이제 신나는 좌절을 할 준비가 되었는가?

삶이 바쁠수록
내면의 균형이 필요하다

행운이란 노력에 비해 쉽고 빠르게 원하는 것을 얻는 거라 한다. 똑같은 시간을 들여도 더 좋은 결과를 얻는 거라 한다. 행운은 특별한 사람만 갖는 게 아니라 누구나 가질 수 있는, 무의식에 프로그래밍한대로 오차 없이 수확하는 열매이다.[2]

사람들은 종종 내 커리어를 보고 "운이 좋았다"고 말한다. 승무원으로 시작해 MBA를 마치고 영국에서 변호사, 회계사, 세무사 자격증을 따고 대형 로펌의 파트너까지 올랐으니, 단순한 이력만 본다면 행운의 흐름을 탄 것처럼 보일 수도 있다.

하지만 그 과정은 결코 쉽지 않았다. 나는 시작이 남들보다 10년 늦었다. 승무원으로서 세계를 여행하는 삶을 즐겼지만, 변호사라는 목표를 세운 후에는 남들보다 훨씬 더 가속도를 내야 했다. 한 걸음이 아니라 열 걸음씩 내딛어야 했고, 이것은 미래의 내가 도와주었기에 가능했다.

일반적으로 시간은 과거에서 미래로 흐른다로 알려져 있지만, 나의 시간은 미래에서 현재로 흘렀다. 승무원에서 MBA에 도전했을 때도, 변호사로 전환했을 때도, 내가 원하는 미래의 모습이 먼저 선명하게 그려졌다. 이미 런던의 '시티 변호사(City Lawyers)' 3)가 된 미래의 나를 머릿속에 그리고 그녀처럼 생각하고 행동하고 말했다. 그리고 5년 뒤 결국 그 삶이 현실이 되었다. 나는 그녀가 될 것임에 의심이 없었기 때문에 조급해하지 않았던 것 같다.

끌어당김의 법칙이란 것을 알지 못한 채 끌어당김을 제대로 하고 있었던 것이다. 하지만 여기에 한 가지 중요한 것이 빠져 있었다. 나는 진짜로 '나'를 알고 있었을까? 내가 성취한 모든 것들이 진정으로 '내가 원하는 것'이었을까?

진정한 '나'를 모르면 행복할 수 없다

그때까지 오직 앞으로 나아가는 데 집중했다. 성취를 통해 행복을 얻을 것이라 진심으로 믿었다. 하지만 성취와 행복은 같지 않았다. 바라던 것을 손에 넣었지만, 어느 순간 더 이상 행복하지 않았다. 행복은 목표를 이루는 데서 오는 것이 아니라 그 과정에서 느끼는 성장과 균형에서 온다는 것을 뒤늦게 깨달았다. 그리고 그때 나는 삶의 균형을 잃었다는 것을 깨달았다.

내 삶을 스스로 설계하고 원하는 삶을 '끌어당겼다'고 믿었다. 하지만 그것은 진짜 내가 설계한 것이 아니었다. 아버지의 못다한 꿈을 이루어야 한다는 책임감, 사회가 원하는 모습, 주변의 기대, 내가 '이 정도는 되어야 한다'고 생각했던 기준들이 쌓여 지금의 나를 만들었을 뿐이었다. 그러다 문득 나는 나를 알지 못한 채 내가 원하는 미래를 만들고 있었다는 것을 깨달았다.

그렇다면 "나는 누구인가?" "내가 진정으로 원하는 삶은 무엇인가?" 이 질문을 해결하지 않으면 또 다시 다음 목표를 향해 달려갈 것이고, 다시 같은 고민에 빠질 것이었다. 그때부터 의식적으로 나 자신을 들여다보는 연습을 시작했다. 그리고 그것이 나를 찾기 위한 여정의 시작이었다.

그 과정에서 명상이 내 삶의 중요한 부분이 되었다. 명상을 하면 내면이 조용해졌다. 끊임없이 목표를 설정하고, 앞으로 나아가야 한다고 재촉하던 내 안의 목소리가 잠시나마 멈추었다. 그 고요 속에서 진짜 내 목소리를 들을 수 있었다.

"내가 원하는 것은 무엇인가?"

"나는 무엇을 위해 살아야 하는가?"

그리고 마침내 지금 이 순간 내가 원하는 삶을 새롭게 정의할 수 있게 되었다.

**전문직과 육아의 병행,
나를 찾아가는 여정의 시작**

남들보다 10년 늦게 시작한 커리어를 따라잡느라 육아도 남들보다 10년 늦게 시작했다. 첫째 리오를 낳았을 때, 탯줄도 끊지 않은 채 내 배에 올려진 리오는 나와 눈을 처음으로 맞추고 엉금엉금 기어서 나오지도 않는 젖을 찾아 물었다. 그 순간 직관적으로 알았다. 내가 인생에서 해낸 것들보다 이 아이가 내게 가르쳐줄 것들이 더 많을 수도 있다는 것을. 그리고 마치 망치로 머리를 맞은 듯한 알아차림이 있었다. '나는 이 소중한 존재를 제대로 키워낼 준비가 안 되어 있구나!' 그때부터 절실하게, 나 자신을 더욱 깊이 들여다보기 시작했다.

육아는 내게 또 다른 균형을 요구했다. 단순히 일과 가정을 맞추는 문제가 아니라, '어떤 엄마가 될 것인가?'에 대한 고민이었다. 아이들에게 사회가 정의한 성공보다는 내면의 힘을 주고 싶었다. 그래서 우리는 매일 밤 같은 대화를 나누었다.

"리오, 오스카는 어떤 사람이야?"

"멋진 사람!"

"멋진 사람이 어떤 사람이야?"

"Happy 사람? Kind 사람?"

(아이들은 영어, 한국어, 덴마크어를 혼용한다)

"맞았어! 또?"

"Loving 사람?"

나는 아이들이 스스로를 긍정적인 존재로 인식하기를 바라는 마음으로 매일 같은 대화를 반복했다.

그리고 매일 밤 함께 명상을 했다.

"눈을 감아봐. 무엇이 보이니?"

"무지개! 별!"

"그게 왜 보일까?"

"몰라!"

"그건 네 안에 우주가 있기 때문이야."

"네 안에는 별도 있고, 은하수도 있고, 태양도 있어."

"그러니까 너는 우주보다 크고 뭐든지 할 수 있는 존재야."

나는 아이들에게 이렇게 명상을 가이드하며, 스스로도 그 말을 믿게 되었다. 그것이 이 책의 뒤에 소개하는 내 '우주명상'의 시작이다.

행운의 흐름을 타기 위해 필요한 것, 명상

과거에는 행운이란 우연히 주어지는 것이라고 생각했다. 하지만 이제 행운이란 스스로 만드는 것이라는 것을 안다. 행운의 흐름을 타기 위해 필요한 것은 내가 원하는 미래를 선명하게 그리는 것, 그 미래를 현재로 끌어오는 것이다. 하지만 그 과정에서 진짜 나를 아는 것이 먼저다. 내가 진정으로 원하는 것을 모르고 성취를 하면, 그것은 결국 나를 행복하게 해주지 못한다. 그래서 우리는 질문해야 한다.

"나는 누구인가?"

"내가 진짜 원하는 것은 무엇인가?"

그리고 그 답을 찾기 위한 여정을 떠나야 한다. 그 여정의 출발점이 바로 명상이다. 명상은 우리에게 진짜 나를 찾는 힘을 준다. 그리고 참 나를 아는 것만이 진정한 성공과 행복을 동시에 이루는 첫 걸음이다.

어떻게 명상이
삶과 커리어의 변곡점이 되었을까?

나에게 명상은 마음의 안정을 위한 단순한 도구가 아니다. 명상은 나의 뇌를 최적의 창조적 상태로 만드는 도구다. 명상을 통해 스스로 문제를 해결할 수 있는 내 안의 힘을 발견했다. 그리고 뒤에 소개하는 여러 가지 행동 툴들을 활용해 내가 원하는 미래를 보다 구체적으로 설계할 수 있었다.

명상이 창의적 사고를 확장하는 데 도움을 준다는 사실은 과학적으로도 증명된 사실이다. 명상이 우리의 뇌를 알파파(α-wave) 상태로 유도한다는 많은 실험들이 있다. 명상은 우리 뇌의 베타파(논리적 사고)를 줄이고, 알파파(창조적 사고)를 활성화시키며, 깊은 몰입 상태에서 직관적 아이디어를 얻을 수 있게 해준다. 알파파 상태, 즉 뇌가 가장 창의적이고 직관적으로 사고할 수 있는 상태에 있을 때, 인간은 논리적 사고를 넘어서 혁신적인 통찰을 얻을 수 있다. 이것이 바로 '알파파 브레인' 상태다. 그리고 이 상태를 의도적으로 활용했던 대표적인 사람이 바로 알버트 아인슈타인이다.

그는 손에 열쇠 하나를 쥔 채 의자에 앉아 깜빡 졸기 시작했다. 완전히 깊은 잠에 빠지는 것이 아니라 의식이 흐릿해지는 '반수면 상태(hypnagogia)'에 머물렀다. 이 상태는 뇌파 중 알파파가 활발하게 작용하는 순간으로 창의적인 통찰이 떠오르기 쉬운 시간대다.

그가 깊은 잠에 들기 직전, 손에서 미끄러진 열쇠가 바닥에 놓인 금속판에 떨어지며 쿵 하고 소리를 냈고, 그 소리에 그는 잠에서 깨어났다. 이 짧은 깨어남의 순간에, 그는 논리적 사고를 담당하는 베타파(β-wave) 상태로 완전히 돌아오기 전에, 반수면 상태에서 떠오른 이미지와 아이디어들을 빠르게 붙잡을 수 있었다. 이 기법은 창의성을 끌어올리는 수단으로 알려져 있으며, 아인슈타인도 이런 방식으로 종종 상대성 이론을 비롯한 혁신적인 과학적 통찰의 단초를 얻었다고 전해진다.

그는 수학적 계산만으로 우주의 비밀을 푸는 것이 아니라 머릿속에서 '사고 실험(Thought Experiment)'을 자주 활용했다. 즉, 명상을 하듯, 머릿속에서 빛을 따라 달리는 자신을 상상하거나 빛의 속도로 달리는 기차 안과 밖에서 동시에 번개가 칠 때 관찰자가 그것을 어떻게 인식할지를 떠올리며, 시공간에 대한 근본적인 질문들을 탐구했다. 이러한 사고 실험은 상대성 이론의 핵심 개념을 직관적으로 이해하고 정립하는 데 결정적인 역할을 했다고 전해진다.[4]

이처럼 알파파 상태에서의 사고는 논리적 계산을 넘어서는 창의적 사고의 도구가 될 수 있고, 우리도 명상을 통해 이 알파파 상태를 의도적으로 활용할 수 있다. 아인슈타인은 이러한 과정을 반복하며 상상력과 직관을 최대한 활용했고, 이 방식은 이후 에디슨, 달리를 비롯한 많은 창조적 천재들이 따라 하기도 했다. 나 역시 복잡한 자문을 할 때 명상으로 뇌파를 떨어뜨린 후 답을 유도하는 경우가 많다.

명상이 키워준 메타인지 능력

누군가 '진정한 행복은 불안이 없는 상태'라고 했다. 하지만 나는 기억이 나는 한, 아침에 눈을 뜨면 늘 불안을 먼저 느꼈다. 어릴 때는 내 가슴속에 날개를 파닥거리는 나비가 갇혀 있는 것 같다고 생각할 정도였다. 보이지 않는 어떤 것이 나를 끊임없이 몰아세우는 듯한 느낌, 그 불안은 단순한 두려움이 아니라 내가 더 나은 사람이 되어야 한다는 강박과 미래에 대한 막연한 걱정에서 비롯된 것이었다.

그러나 명상을 시작하면서 온전히 현존하는 상태를 경험할 수 있었다. 불안, 걱정, 초조함 같은 감정들이 여전히 내 안에서 올라왔지만, 더 이상 그것들에 휘둘리지 않고, 마치 나 자신을 한 발짝 떨어져 바라보는 것처럼 감정과 나를 분리해서 볼 수 있는 능력이 생겼다. 이것이 바로 자신의 생각을 객관적으로 바라볼 수 있는 능력, 메타인지(metacognition)의 힘이다.

명상은 메타인지를 개발하는 데 중요한 도구다. 메타인지는 1970년대 심리학자 존 플라벨(John H. Flavell)에 의해 처음 개념화되었으며 자신의 사고 과정, 학습 방식, 문제 해결 방법을 스스로 인식하고 조절하는 능력을 의미한다. 간단히 말해 메타인지 능력이 뛰어난 사람은 자신의 감정과 사고를 마치 제3자의 시선으로 바라볼 수 있는 능력을 갖춘 사람이다. 감정에 휘둘리는 것이 아니라 감정을 분석하고 조절할 수 있다. 메타인지 능력이 뛰어난 사람들은 위기를 맞았을 때도 흔들리지 않는다. 실패를 단순한 좌절이 아닌 배움의 과정으로 받아들이고, 문제를 객관적으로 바라보며 해결책을 찾아 나간다. 실제로 우리가 어려운 상황에 부딪힐 때 가장 먼저 해야 할 일은 감정에 휩쓸리지 않고 문제를 명확히 인식하는 것이다. 그리고 이 과정을 도와주는 가장 강력한 도구가 명상이다.

메타인지의 힘을 온몸으로 실감한 순간이 있다. 몇 년 전 유방암 진단을 받았을 때다. 암 선고를 받았을 때 처음에는 극도의 두려움이 밀려왔다. 하지만 곧 매일 아침 명상을 하며 완쾌된 미래의 내 모습을 구체적으로 그려 보기 시작했다. 내가 다시 건강한 몸으로 여행을 하고, 사랑하는 사람들과 함께 하며 활기차게 살아가는 모습을 생생하게 상상했다. 수술대에 오르기 직전까지도 명상을 했다. 이미 건강을 되찾은 미래의 나를 상상했고, 그 감각을 내 몸으로 느꼈다. 그리고 놀랍게도 기적적으로 빠르게 회복했다. 그리고 오히려 암에 걸리기 전보다 더 건강한 삶을 살게 되었다.

이 과정은 단순히 긍정적으로 사고하는 과정만은 아니었다. 직접 나의 미래를 생생하게 설계하고, 그것을 현실로 만들기 위한 행동을 했던 과정이었다. 건강한 음식을 먹고, 규칙적으로 운동을 하고, 매일 명상을 하며, 내 몸과 마음을 최상의 상태로 유지했다. 그 과정에서 우리가 원하는 미래는 그냥 주어지는 것이 아니라 우리가 만들어가는 것임을 깨달았다. 나에게 항상 명상은 단순한 휴식이 아니라 현실을 창조하는 과정이었다.

그렇다면 왜 명상이 이렇게 강력한 도구인가? 그 이유는 간단하다. 모든 답은 내 안에 있기 때문이다. 하지만 대부분의 사람들은 자신의 내면에서 답을 찾으려고 하지 않는다. 왜냐하면 자신의 사고를 넓혀본 적이 없고, 자신을 객관화해본 적이 없기 때문이다.

사고의 폭을 넓히는 명상의 힘

우리는 보통 현실의 영역에서만 사고한다. 과거의 경험과 현실적인 제한 속에서만 문제를 해결하려고 한다. 하지만 명상을 하면 사고의 폭이 넓어진다.

명상을 하면서 가장 크게 경험한 변화는 현실과 상상을 자유롭게 넘나드는 사고가 가능해진 것이다. 종종 명상 중에 내 의식이 우주만큼 우주보다 커지는 경험을 한다. 내가 있는 물리적 공간을 벗어나, 지구를 벗어나, 우주 저 멀리까지 사고를 확장해보는 것이다. 이 경험은 내 사고의 한계를 깨고, 더 넓은 시야에서 문제를 바라볼 수 있도록 해준다.

좌뇌적인 사람들은 주어진 논리적 문제를 해결하는 데 익숙하지만, 우뇌적인 사고는 보다 창의적이고 직관적인 문제 해결을 가능하게 한다. 하지만 결국 좌뇌와 우뇌의 밸런스가 중요하다. 나는 법률을 공부하면서 좌뇌를 단련했고, 명상을 하면서 우뇌를 깨웠다. 그렇게 하면서 내 사고는 한층 더 확장되었고, 문제 해결 능력도 극대화되었다.

사람들은 흔히 "내 문제의 답을 어디서 찾아야 할지 모르겠다"고 말한다. 하지만 사실은 이미 내 안에 있는 답을 찾아내는 법을 배우지 못했을 뿐이다. 내가 내 안의 답을 찾는 예로 들면, 어려운 문제에 부딪혔을 때 내가 원하는 미래를 먼저 그려놓고, 미래에서 현재로 가는 과정에서 무엇이 필요한지 설계하는 사고를 하는 것이다. 현재의 시각으로 문제를 해결하려고 하면 기존의 방법 안에서만 답을 찾게 된다. 그러나 미래에서 현재를 바라보면, 훨씬 더 창의적인 해결책이 보인다. 이 방식은 유방암을 극복하는 과정에서도, 내 커리어를 확장하는 과정에서도 강력한 힘을 발휘했다.

이처럼 나에게 명상은 단순한 마음의 평화를 넘어 나 자신을 객관적으로 바라보는 메타인지 훈련이며, 사고의 폭을 넓히고, 문제 해결 능력을 극대화하는 도구다. 결국 명상을 통해 우리는 더 깊이 사고하고, 더 창의적으로 문제를 해결하며, 진정한 자신을 발견할 수 있다. 이제 나는 더 이상 불안한 아침을 맞이하지 않는다. 오히려 기대감으로 하루를 시작한다. 내가 창조할 미래가 기다리고 있기 때문이다.

명상은
삶의 태도를 바꾼다

한때 '성공'이란 단어에 집착했다. 어떤 목표를 세우면 반드시 이루어야만 한다고 믿었고, 사회가 정의한 대로 성공하지 않으면 실패한 인생이라고 생각했다. 남들보다 더 빨리 더 높이 올라가고자 했다. 하지만 성공을 쫓을 때는 끝없는 결핍감이 나를 따라다녔다. 항상 부족했고 항상 모자랐고 더 높은 곳이 보였다. 그러나 명상을 통해 '성공'이 아니라 '성장'에 집중할 때 인생이 더 흥미로워진다는 것을 깨달았다.

과거의 나는 또한 결과 중심적인 완벽주의자였다. '이걸 기한에 맞춰서 완벽하게 해내야 해'라는 강박이 있었다. 하지만 명상 속에서 완전히 다른 진실을 보게 되었다. 나는 이미 충분하고, 온전하며, 무한한 가능성을 가진 존재다. 우리는 각자 이 지구에서 인간이라는 경험을 하며 우리가 가진 무한의 잠재력을 나만의 패턴으로 표현하는 여정을 하고 있는 것이다. 즉, 나는 인간 윤유리로 규정되는 것들을 넘어 인간 윤유리의 경험을 하는 더 큰 존재이다.

그렇다면 더 이상 결과가 중요한 것이 아니다. 왜냐하면 나쁜 결과라는 것은 없으니까. 결과보다는 과정이, 성공보다는 성장이, 그리고 경험이 중요하다. 어제보다 더 나아지는 것이 진짜 가치 있는 삶이다. 그것을 깨달은 순간부터 완전히 다른 방식으로 삶을 바라보기 시작했다.

"한 걸음 나아가 보자."

"실패해도 괜찮아. 나는 배우고 있어."

"완벽하지 않아도 도전하는 것 자체가 가치 있는 일이다."

이 변화 덕분에 나는 더 자유로워졌다. 결과에 대한 부담에서 벗어나고, 도전하는 것 자체를 즐기게 되었다.

성공은 외부의 기준이지만 성장은 내 안의 기준이다. 그리고 명상은 나를 외부의 기준이 아닌 내 안의 목소리에 귀 기울이게 해주었다. 이제 내가 할 일은 나만의 속도로 성장하고 나만의 방식으로 나를 표현하고 그 과정 자체를 즐기는 것뿐이다. 아무것도 잘못될 건 없다. 그래서 나는 두려움 없이 나아간다. 그 길 끝에서, 더 강하고 단단해진 내가 기다리고 있을 것이기 때문이다.

**좌절은 피하는 것이 아니라
경험하는 것이다**

나는 늘 큰 목표를 세웠다. 승무원 경험밖에 없지만 변호사가 되겠다. 성인이 돼서야 영국으로 이주한 뼛속까지 한국인이지만 영국 로펌의 파트너가 되겠다. 끊임없이 배우고 더 높은 곳으로 가겠다고. 그런데 목표가 클수록 좌절도 컸다. 과거의 나는 좌절이 두려워 피하며 살았다.

'혹시 실패하면 어떡하지?'

'이걸 시작했다가 도중에 포기하게 되면?'

하지만 명상을 통해 나 자신과 더 깊이 연결되면서 좌절을 새로운 시각으로 보게 되었다. 좌절은 좌절일 뿐이다. 그것을 내 인생의 이야기로 만들지 말자. 우리는 실패할 때마다 머릿속에서 이야기를 만들어낸다.

'나는 역시 안 되는 사람인가 봐.'

'이 길이 내 길이 아닐지도 몰라.'

'이제 어떻게 해야 하지?'

그런데 사실 좌절은 그저 지나가는 하나의 사건일 뿐이다. 우리가 그것을 '내 인생의 서사'로 만들지 않으면, 좌절은 그냥 흘러가게 되어 있다. 평생 좌절이 두려워 시도도 안 한다면 삶을 살지 않은 것이나 마찬가지 아닐까?

나는 유방암 선고를 받았고 30년 전 돌아가신 아버지에 이어

어머니를 떠나보냈다. 내가 원하는 모든 것이었던 남편과는 이혼을 했고, 사춘기 아이의 방황을 지켜봐야 했다. 이 모든 것이 지난 몇 년 새에 한꺼번에 일어났다. 과거의 나였다면 문제가 생기면 상황을 탓했다.

'왜 나한테만 이런 일이 일어날까?'

'이건 너무 불공평해.'

'나는 왜 항상 이렇게 힘든 선택을 해야 하지?'

하지만 지금의 나는 더 이상 내 삶의 피해자가 아니다. 좌절을 피해 도망치지 않는다. 좌절이 두렵다면 차라리 그것을 경험하자고 생각하며 두 눈 부릅 뜨고 정면으로 마주한다. 아이들이 어릴 적에 읽어준 동화책에 크고 무서운 괴물을 정면으로 마주하니 작은 생쥐의 그림자에 불과했다는 이야기가 있었다. 실제로 삶의 많은 부분에서 아무리 두려워도 마주하면 별게 아닌 게 되어버린다.

그리고 나는 이제 좌절 속에서 보물을 캐고 성장의 기회로 삼는다. 예를 들어 유방암을 경험하며 몸과 마음을 돌보는 법을 배웠다. 부모를 마지막으로 떠나보내며 가족과의 시간을 소중히 여기는 법을 배웠다. 이혼을 경험하며 온전히 나 자신으로 서는 법을 배웠다. 사춘기 아이의 방황을 보며 그 아이의 아픔을 이해하고 상황보다 큰 존재로 대하는 법을 배웠다.

나는 더 이상 개인적인 성공을 위해 살지 않는다. 나는 나의 삶 자체가 많은 사람들에게 영감이 되기를 바란다. 그러려면, 나는 정말로 잘 살아야 한다. 진정한 나로서 살아야 한다. 내 삶에 일어나는 모든 것을 내가 창조한 결과로 받아들이고, 책임지는 존재가 되어야 한다. 이것이 바로 명상이 나에게 가르쳐준 삶의 태도다.

도전보다 크게 존재하는 나

과거의 나는 상황에 따라 감정에 휘둘렸다. 일이 잘 풀리면 기뻤고, 예상치 못한 문제가 생기면 두려움에 사로잡혔다. 힘든 일이 닥치면 쉽게 무너졌고 도전 앞에서는 자꾸 작아졌다. '이건 너무 어려워. 이 문제를 내가 감당할 수 있을까? 이걸 극복할 자신이 없어'. 이런 생각들이 나를 가두는 틀이 되었다.

그러나 지금의 나는 더 이상 외부 조건에 따라 흔들리는 존재가 아니다. 어떤 도전이든 그 크기만큼 내가 더 확장되면 된다는 사실을 배웠다. 이제 도전이 되는 상황 앞에 서면, 그 상황을 이기려 하기보다는 그 상황을 품을 수 있을 만큼 더 크게 존재하는 훈련의 계기로 삼는다. 그리고 나 자신에게 말한다. 나는 상황에 의해 결정되는 존재가 아니다. 더 이상 주어진 상황에 압도되지 않는다.

실제로 지난 몇 년간 이전에는 상상하지 못했던 크기의 도전들을 한꺼번에 겪으면서도 대형 로펌의 파트너로서 새로운 역할을 받아들였고, 책임을 기꺼이 감당하기로 했다. 과거의 나였다면 이 모든 것이 짓눌리는 이유가 되었겠지만, 이제 나는 삶이 나에게 주는 어떤 시험도 담담히 받아들인다.

삶이 주는 시련은 나를 무너뜨리기 위한 것이 아니라 나를 단단하게 빚어내기 위한 과정임을 알게 되었기 때문이다. 그래서 나는 어떤 상황 앞에서도 더 크게 존재하기로 선택했다. 내 삶에서 벌어지는 모든 일에 100퍼센트 원인으로 책임지는 태도로 살아가기로 결정한 뒤 나에게는 평화와 자유가 찾아왔다. 명상은 이렇게 내가 삶을 대하는 태도를 바꾸었고 나를 파워풀하게 존재하도록 만들었다.

내면이 안정되면
커리어가 달라진다

많은 사람들이 안정적인 직업과 성공적인 커리어를 쫓는다. 하지만 내면의 안정 없이 얻은 외적 성취는 어느 순간 족쇄가 될 수도 있다. 우리는 무엇이 문제인지도 모른 채 바쁘게 달리고 열심히 하다가, 결국 번아웃에 빠지거나 절벽에서 떨어지는 듯한 지점에 이른다. 예를 들어, '이것만 하면 돈이 된다'는 외적 동기로 시작한 일은, '언젠가 내가 정말 원하는 건 이게 아니었는데'라는 내면의 저항과 마주하게 된다. 하지만 내면의 동기(intrinsic motivation), 즉 진짜 나에게서 비롯된 이유에서 출발한 일은 그 끝이 어딘지 몰라도 계속 나아갈 수 있는 힘이 생긴다. 결국 방향을 잃은 삶의 문제는, 내가 진정으로 원하는 삶의 목적을 아직 찾지 못한 데서 비롯된다.

나 역시 그랬다. 오랜 시간 커리어를 위해 달려왔고, 결국 런던에서 글로벌 업무를 하는 변호사가 되었다. 어느 날 큰 금액이 오가는 기업 인수 합병(M&A) 협상을 하던 중이었다. 두 줄짜리였던 계약 조항이 상대방 변호사와 협상을 하면서 두 장 분량으로 늘어났고, 그 협상을 위해 상대방 변호사와 꼬박 이틀을 썼다. 그때 나는 '도대체 이 일이 세상에 어떤 도움이 되는 걸까?'라는 질문을 하게 되었다. 그 순간, 변호사라는 직업이 내 삶의 궁극적인 목적이 아닐지도 모른다는 사실을 처음으로 인식했다. 사실 높은 연봉과 명예를 좇아 이 길을 택했다. 전문 분야를 정할 때도 내가 잘 할 수 있고, 수익이 보장되는 분야를 우선 고려했고, 그렇게 연봉이 높은 런던 금융가의 변호사가 된 것이다.

하지만 어느 순간부터 그 일이 더는 만족스럽지 않았다. 변호사라면 누구나 꿈꾸는 '파트너'라는 목표조차 공허하게 느껴졌다. 그때부터 내가 즐겁고 행복하게 할 수 있는 일들이 무엇인지 적어보고 그 일들을 하는 시간을 내기 시작했다. 몇 년 동안 법률 자문을 하면서도 틈틈이 지도자 자격증을 딸 정도로 명상과 요가에 심취했다. 처음으로 '내가 좋아하는 일'을 하도록 삶을 재정비하고 자신을 허용했던 것이다.

그러던 중 우연히 한 헤드 헌터로부터 대형 로펌의 파트너직 제안을 받았다. 내 전문 분야의 뛰어난 실력은 당연하고, 부서도 키우고 매출도 올리고 전략도 세워야 하는 중책이었다. 그곳은 로펌으로는 드물게 B-Corp(Better Corporation) 인증을 받은 사회적 책임과 기여를 중요시하는 로펌이었고, 영국 내에서 직원 만족도 1위를 차지할 만큼 건강한 조직 문화를 가진 곳이었다. 하지만 '내가 잘 해낼 수 있을까?' '굳이 그런 중책을 맡아야 할까?' '편하게 지내고 싶은데' 등등 스스로 만든 무의식적 제약들 때문에 나는 변호사로서 더 큰 도전을 피하고 있었다.

돌이켜보면, 나는 이 일을 못하는 게 아니라 스스로 못한다고 믿어왔던 것뿐이었다. 내가 만든 한계 안에 스스로를 가두고 있었던 것이다. 그러나 더 이상 그 좁은 틀 안에 머물고 싶지 않았다. 내면 깊은 곳을 들여다보니, 나는 이미 준비가 되어 있었고 그저 스스로에게 '허락'을 내리지 않았을 뿐이었다. 그리고 그 깨달음과 함께 선택이 바뀌었다. 다시 도전하기로 마음먹고, 내가 창조한 가능성에 스스로 영감 받은 존재로 인터뷰에 임했다. 그렇게 다섯 차례 인터뷰와 사업계획서 제출을 거쳐 임원진의 100퍼센트 찬성으로 그 로펌의 지분 파트너(Equity Partner)가 되었다. 그리고 그 과정에서 '존재가 다 한다'는 말의 의미를 명확히 경험했다.

이번 선택은 단순한 커리어 도약의 기회가 아니었다. 나는 이 자리를 통해 법조인의 경계를 넘어 더 큰 자유로 향하는 문을 열고 싶었다. 내가 두려워하던 영역에 뛰어들며, 스스로도 놀랄 만큼 확장된 내 모습을 마주하고 싶었다. 그리고 이번에는 높은 연봉이나 사회적 인정 때문이 아니라 이 일을 통해 성장할 것을 알기 때문에 의식적으로 선택했다. 삶의 목적을 알고 선택한 일은 전혀 다른 태도와 전혀 다른 힘으로 살아진다.

커리어를 결정하는 기준

내가 이 도전을 할 수 있었던 이유는 내면이 단단해졌기 때문이다. 그동안 매일 명상을 하면서 찾은 안정감 덕분에 더 이상 불안에 휘둘리지 않고 내 길을 선택할 수 있었다. 내가 무엇을 원하고 무엇을 두려워하는지 알게 되었고, 스스로 만든 제약을 깨고 더 큰 도전에 나설 용기가 생겼다.

예전의 나는 불안한 상태에서 커리어를 선택했다. 지금 이 길을 벗어나면 불확실한 미래가 기다리고 있을 것 같아서 더 높은 연봉, 더 좋은 직책 등 더 안전해 보이는 방향으로 스스로를 밀어 넣었다.

하지만 불안으로 내린 선택은 언젠가 다시 불안을 불러온다. 매일 명상을 하며 나 자신을 관찰하는 연습을 하다 보니, 내가 어떤 이유로 선택을 하고 있는지 분명히 인식하게 되었다. 내가 진짜 원하는 것이 무엇인지, 무엇을 두려워하고 있는지, 이 자각이 쌓이자 커리어라는 이름 아래 감춰진 불안의 실체를 보게 되었고 더 이상 그것에 휘둘리지 않게 되었다.

그래서 이번 선택은 달랐다. 이 일이 안전해서가 아니라 나를 성장시킬 수 있는 도전이기에 선택했다. 내면이 안정되자 결과를 통제하려는 강박에서 벗어나 과정 자체를 신뢰할 수 있게 되었다. 결과가 어떠하든, 이 길을 걷는 내가 단단해질 거라는 믿음이 생긴 것이다. 진짜 안정은 도전을 피하는 것이 아니라 도전 속에서도 흔들리지 않는 자신으로 사는 것이다. 나는 지금 그 힘으로, 한 번도 가보지 않은 길을 걷고 있다. 그리고 이 도전을 넘어선 뒤의 더 자유로운 내 모습을 상상하며 무척 설렌다.

To-Do List의 지옥에서 벗어나라 [5]

나는 항상 매일 해야 할 일(To-Do List)이라는 지옥에 갇혀 살고 있었다. 오늘 해야 할 일, 내일까지 끝내야 할 일, 다음 주까지 제출해야 할 자문서, 끝없는 업무와 목표를 설정하고 달성하는 것만이 중요하다고 생각했다.

그런데 정말 중요한 것은 사이먼 시넥(Simon Sinek)이 《스타트 위드 와이(Start with Why)》에서 말했듯, '무엇을 해야 할까?'가 아니라 '왜 해야 하는가?'였다. 그리고 이 답을 찾기 위해 나는 내면의 동기(Intrinsic Motivation)를 발견해야 했다. 우리가 정말 원하는 것, 정말 하고 싶은 것이 분명해졌을 때 미친 듯이 집중해서 몰입할 수 있다.

그때부터 나에게 스스로 질문하기 시작했다. 이 일을 하는 이유는 무엇인가? 내가 정말 원하는 것은 무엇인가? 이 일이 내 삶에 어떤 의미를 주는가? 그리고 깨달았다. 단순히 돈을 위해 일하고 싶지 않았다. 내가 진정으로 원하는 것은 내 삶에 의미를 부여하는 일이었다.

그때까지 단 한 번도 이런 질문을 해본 적이 없었다. 내가 정말 원하는 것이 무엇인지 알지 못한 채, 사회가 정한 성공의 틀 안에서 무작정 달리고 있었던 것이다. 그렇게 돈을 위한 커리어가 아닌 의미를 찾는 커리어를 선택하기로 했다. 성공을 결정짓는 것도 '무엇을 하느냐'가 아니라 '왜 하느냐'이다. 내가 진정으로 원하는 것을 알게 되면 그 길에서의 성공은 따라온다. 돈이 되는 일을 찾기 전에 내가 정말 원하는 삶이 무엇인지부터 생각해야 한다. 이렇듯 명상은 내 사고를 정리하고, 정말 중요한 것이 무엇인지 깨닫게 해주었다.

지금 이 순간, 당신에게 묻고 싶다. "당신이 지금 하고 있는 일이 정말 원하는 일인가? 당신이 가고 있는 길이 당신의 삶과 가치관에 맞는가? 당신은 '왜' 그 일을 하는가?" 이 질문에 대한 답을 찾는 순간, 당신의 커리어는 완전히 달라질 것이다. 어떤 길을 선택할지는 당신에게 달려 있다. 그러나 하나만은 분명하다. '나'를 알고 선택한 길은 절대 후회로 남지 않는다.

영국 로펌에서
살아남을 수 있었던 이유

경쟁력은 지식이 아니라 내면의 힘이다

영국에서 변호사로 일하면서 내 한계를 뼈저리게 실감했다. 언어 장벽, 문화적 차이, 로펌이라는 냉정한 세계 속에서 살아남기 위해서는 단순히 법을 잘 아는 것만으로는 부족했다. 특히 변호사라는 직업은 단순한 법률 지식뿐만 아니라 클라이언트와의 소통 능력, 문제 해결력, 무엇보다 신뢰를 주는 '존재감'이 중요했다. 하지만 나는 영국에서 태어나고 자란 사람이 아니었고, 자연스럽게 영국 최상의 영어를 구사하는 동료들과 비교하면 부족한 점이 많았다.

내가 변호사가 될 당시 영국의 변호사들은 2년간의 수습 기간을 거쳐야 했다. 6개월마다 부서를 옮기면서 새로운 팀과 새로운 업무를 배워야 했다. 일을 익힐 만하면 다시 처음부터 시작하는 과정이 반복되었다. 게다가 수습 변호사는 작성하는 모든 문서 하나하나를 파트너의 검토를 받아야 했고, 바쁜 파트너들이 내 이메일을 빨간 펜으로 줄줄이 수정할 때면 자존심이 상하고 위축되었다.

한 번은 기업법 부서에서 일할 때 대규모 인수합병 딜에 투입된 적이 있었다. 한 가지 프로젝트에만 6개월을 매달려야 했고, 수많은 변호사들이 각자의 전문 분야에서 자문을 제공하고 있었다. 하지만 다들 너무 바빠 수습 변호사에게 진행 중인 딜의 배경이나 큰 그림을 설명해줄 여유가 없었다. 그때 내가 무엇을 하고 있는지조차 모르는 상태에서 닥치는 대로 일을 처리하며 버텼다. 동료들에게 묻고, 기존의 문서를 참고하며 스스로 배워나갔다. 그렇게 하루하루를 버티다가 함께 일하던 영국인 동료와 금요일마다 회사 근처 펍에서 와인을 마시며 애환을 나누곤 했다. 그녀에게 한숨을 쉬며 말했다.

"나는 내가 무슨 일을 하고 있는지도 모르겠어. 클라이언트와 전화할 때마다 자신감이 없어."

그러자 그녀는 웃으며 이렇게 답했다.

"나도 몰라. 하지만 항상 '그 답은 나중에 드릴게요'라고 말할 수 있잖아!"

그제야 깨달았다. 문제는 나의 지식이 아니라 내가 나를 어떻게 대하고 있느냐였다. 그 동료는 자신이 모르는 것을 숨기지 않고도 당당했다. 반면 나는 완벽해야 한다는 강박 속에서 스스로를 옥죄고 있었다.

시간이 지나면서 점점 원어민 변호사들처럼 유려하게 문서를 작성하게 되었고, 클라이언트와의 미팅에서도 더 이상 위축되지 않았다. 하지만 내가 처음부터 스스로를 더 믿고 내면의 힘을 길렀다면 얼마나 더 빨리 성장할 수 있었을까? 지식을 쌓는 것으로만 경쟁력을 키우려 하기보다는 내가 이미 충분한 존재임을 믿었더라면 얼마나 더 자유로웠을까?

AI가 가질 수 없는 통찰력 키우기

이토록 오랜 시간 전문성이 부족하다는 이유로 스스로를 채찍질해 왔지만, 앞으로의 변호사는 단순히 법을 아는 사람이 아니라 문제의 본질을 꿰뚫어보는 사람이 되어야 한다. AI가 나보다 더 빠르게 법률을 분석하고, 계약서도 작성하게 되었기 때문이다. 기존의 컨설턴트와 변호사의 역할은 단순했다. 문제가 주어지면 해결하는 것. 하지만 이제 이들에게 중요해진 것은 문제가 무엇인지를 찾아낼 수 있는 능력이다. 이것이 바로 인간이 가질 수 있는 통찰력이다. AI는 데이터를 분석할 수 있지만, 인간처럼 직관적으로 문제의 본질을 파악하고, 창의적인 해결책을 떠올릴 수는 없다. 통찰력은 장난기(Playfulness), 목적(Purpose), 정열(Passion), 포지셔닝(Positioning), 인맥(People)에서 나온다고 하니, AI가 가지기 힘든 능력인 것이다. 따라서 통찰력(Insight)을 가진 사람은 독보적 존재가 된다.[6]

우리의 논리적 사고(좌뇌)와 직관적 사고(우뇌)의 균형을 맞추면, 이를 통해 통찰력이 생겨 문제 해결 능력을 극대화할 수 있는 능력이 생긴다. 이것이 명상이 줄 수 있는 능력이다. 내가 좀 더 어릴 때부터 명상을 했다면 내 삶이 어떻게 달라졌을까?

**창의적인 해결책은
상상의 영역에서 나온다**

우리 아이들은 어릴 때 아침에 눈을 뜨자마자 뭔가를 만들기 시작했다. 고사리 손으로 가위를 들고 종이를 자르고, 크레파스로 그림을 그리고, 상자들을 이어 붙여 자신들만의 요새를 만들었다. 하루 종일 그 요새 안에서 스토리를 만들어내며 역할극을 연습했고, 저녁이 되면 나를 앞에 앉혀두고 공연을 하곤 했다. 그걸 바라보며 문득 어린 시절이 떠올랐다. 나 역시 머릿속에 끊임없는 이야기와 상상력이 넘쳐났고, 창작 동화를 쓰거나 상상의 세계 속에서 놀곤 했다. 고등학교 때 아버지가 돌아가실 때까지 매일 그림을 그렸고, 미대를 가고 프랑스로 유학을 가는 것이 꿈일 정도로 미술을 좋아했다. 우리 모두에게는 그런 창의적인 때가 있었다.

그러나 자라면서 우리는 논리적인 사고, 분석적인 접근 방식,

문제 해결을 위한 구조적 접근이 중요하다고 배운다. 그래서 어릴 때 가졌던 그 자유로운 사고, 경계를 허물고 세상을 바라보는 방식이야말로 가장 강력한 문제 해결의 도구라는 것을 잊게 된다.

변호사가 된 후 하루에도 수십 개의 이메일과 자문서를 완벽한 영어로 작성할 수 있게 되었지만, 단 한 줄의 창작 글은 쓰지 못했다. 영감이 떠오르지 않는다는 이유로 그림을 그리는 것도 멈췄다. 그러다 아이가 좋아하는 당나귀를 그려주려고 20년 만에 다시 붓을 들었을 때, 나는 깜짝 놀랐다. 몇 시간 동안 그림에 몰입하며 시간 가는 줄 몰랐던 것이다. 내 창의성은 사라진 것이 아니라 깊이 잠들어 있었을 뿐이었다.

사람의 죽음에 49일이 있듯이, 창의적인 아이디어도 49일 동안 쓰지 않으면 사라진다고 한다. 명상을 하면 생각의 흐름을 볼 수 있게 되고, 창의적인 아이디어가 계속 떠오른다. 명상이 끝난 후 그것을 바로 마인드맵으로 적어 놓으면 그 아이디어를 잊지 않고 실제로 활용할 수 있다.

로펌에서 일하면서 수없이 복잡한 문제들과 마주했다. 이론적으로 해결할 수 없는 딜레마, 새로운 법적 쟁점, 과거의 선례로는 풀리지 않는 문제들. 처음에는 오직 논리적으로 접근하려 했지만, 그런 방식이 항상 통하는 것은 아니었다. 오히려 벽에 부딪히는 느낌이 들 때가 많았다. 그러던 어느 날 문득 명상을 활용해 문제를 해결해보면 어떨까 하는 생각이 들었다.

눈을 감고 호흡에 집중해 끊임없이 조잘대는 내 마음의 소리를 잠재운 뒤, 내 사고의 틀을 깨고 마음의 크기를 우주만큼 넓힌다. 그러면 복잡했던 문제들이 단순해지고, 예상치 못한 해결책이 떠오른다. 그 상태를 유지한 채로 옆에 두었던 노트북에 바로 자문서를 작성하고 훨씬 적은 시간 안에 더 높은 수준의 결과물을 만들어낸다.

이렇듯 어려운 법률 자문을 해야 할 때마다 문제 안에서 길을 찾으려 애쓰기보다는 잠시 명상에 들어가 문제를 밖에서 바라보면, 마치 퍼즐 조각들이 맞춰지는 것처럼 실마리가 보이곤 한다. 문제는 그 자체로는 해결되지 않을 수도 있지만 문제를 바라보는 나의 시각이 바뀌면 해결책이 떠오르고 직관적인 인사이트를 얻게 된다.

법률과 세무를 공부하면서 분석적 사고, 논리적 사고, 문제 해결을 위한 구조적 접근법을 잘할 수 있는 좌뇌를 개발했다. 이런 능력들이 명상을 하면서 확장된 우뇌적 사고, 즉 창의적인 해결책, 직관적인 인사이트, 문제를 새로운 시각에서 바라보는 능력과 균형이 맞추어지자 내가 가진 능력은 완전히 다른 차원으로 확장되었다. 영국 로펌에서 살아남는 것은 단순한 지식과 경험의 싸움이 아니다. 그것을 뛰어넘는 내면의 힘이 있어야 한다. 그리고 나에게 그 힘을 키워준 것이 바로 명상이었다.

삶의 전환기에
명상으로 깨달은 방향성

목표를 확실히 정하고 목표 달성 후의 미래상을 자세히 상상하고 꾸준히 행동하면 언젠가는 임계점을 넘어 목표에 달성하게 된다. 돌이켜보면 어릴 때부터 끌어당김의 법칙을 자연스럽게 활용하며 살아왔다. 명상을 시작하기 전까지는 내가 끌어당김의 법칙을 활용하고 있다는 것조차 몰랐다. 하지만 지금 돌아보니, 나는 내가 원하는 것을 강력하게 시각화하고, 그것이 마치 이미 내 것이 된 것처럼 느끼며 살았다. 어떻게 이루겠다는 세부적인 계획을 세운 것이 아니라 최종의 모습을 정하고 나니 행동이 따랐고, 어느 날 나는 그 모습 그대로 살고 있었다.

중학교 시절, 절친과 함께 나누어 쓰던 일기장을 최근에 우연히 발견했다. 놀랍게도 거기에는 "나는 커서 승무원이 될 거야"라고 적혀 있었다. 그 사실을 까맣게 잊고 있었지만, 실제로 나는 대학에 입학한 뒤 새벽마다 영어회화 학원에 다니며 언어 실력을 키웠고, 치열한 경쟁을 뚫고 아시아나 항공 승무원이 되었다. 나는 이미 꿈을 가지고 비전화하며, 시각화를 통해 현실을 끌어당기는 연습을 하고 있었던 것이다. 그때 나는 결과에 연연하지 않았다. 그냥 그 꿈이 너무 좋았고, 그렇게 될 것이라고 믿었다.

비슷한 일이 또 있었다. 영국에 유학 온 지 수년이 지난 후 친구들이 농담처럼 말했다. 너 혹시 유럽 왕자님과 만나게 되는 거 아냐? 그 말을 듣고 웃었지만, 실제로 나는 덴마크 출신의 변호사와 사랑에 빠졌다. 그는 내가 어린 시절부터 꿈꾸던 세상을 보여주었다. 긴 이브닝드레스를 입고 갈 수 있는 우아한 파티, 유럽의 클래식한 문화, 내가 상상했던 삶을 실현해주는 매력적인 환경, 정말로 내가 상상했던 모든 것을 현실로 끌어당겼다.

그런데 첫 아이를 낳으면서 내 세계관은 조금씩 달라지기 시작했다. 왜 모든 것을 이룬 내가 행복하지 않은지 혼란스러운 나날들이 계속 되었다. 후일 나의 '목표'에 문제가 있었다는 것을 깨달았다. 진정한 내가 누구인지 모른 채 단지 에고적인 내가 원하는 대로의 목표를 힘껏 내 삶에 끌어당겼으니 원하는 걸 얻어도 갈증이 있었던 것이다.

세상이 급변할수록
불변하는 것들에 몰입하라

우리는 종종 아무런 걱정도 고통도 스트레스도 없는 삶이 가장 행복할 것이라고 착각한다. 하지만 인간은 도전을 통해 성장하고, 극복한 결과에 행복을 느끼는 존재다. 역경이 없다면 성취도 없다. 그러니 위기나 변화를 창의적인 문제 해결의 기회로 삼고, 강력한 동기부여의 원천으로 활용할 줄 알아야 한다.

하지만 인간은 기본적으로 변화를 회피하는 습성이 있다. 우리 중 95퍼센트는 변화를 앞두고 상황을 회피하다가 아예 원점으로 돌아간다고 한다. 나 역시 삶의 변화를 두려워한다. 고난을 만나면 좌절하고, 불안은 나를 마비시킨다. 그러면 우리는 어떻게 변화에 대응해야 할까?

제프 베이조스(Jeff Bezos)는 변화에 적응하는 것이 살아남는 것이라는 믿음에 정반대의 관점을 제시한다. 그는 "변화하는 것보다 변하지 않는 것에 집중하라"고 말한다. 베이조스는 "아마존 고객들은 앞으로 10년, 20년이 지나도 '더 낮은 가격, 더 빠른 배송, 더 많은 선택지'를 원할 것이다. 이런 변하지 않는 요소에 집중하는 것이 장기적으로 성공하는 길이다."라고 말했다.[7]

우리는 매일 새로운 기술이 등장하고, 트렌드가 바뀌며, 산업이 급변하는 세상에 살고 있다. 하지만 세상이 아무리 빠르게 변화해도 변하지 않는 원칙이 있다. 그것이 바로 우리가 몰입해야 할 불변의 법칙이다. 예를 들어 인간의 본질은 변하지 않는다. 인간은 여전히 사랑받고 싶고, 인정받고 싶어한다. 인간은 여전히 두려움을 느끼고, 불확실성을 피하고 싶어한다. 인간은 여전히 행복을 추구하고, 의미 있는 삶을 살고 싶어한다. 이것은 AI가 대체할 수 없는 영역이며, 아무리 기술이 발전해도 인간이 본능적으로 추구하는 가치다.

**삶과 커리어에서도
본질적인 가치에 집중하라**

이것은 우리의 개인적인 삶과 커리어에도 똑같이 적용된다. 트렌드를 따라가기보다는, 본질적인 가치를 파악하고 거기에 집중해야 한다. 끊임없이 변하는 환경이 아니라 변하지 않는 가치에 집중할 때 우리는 흔들리지 않는다. 나에게 도움이 되는 변하지 않는 원칙들 중 하나는 '고난은 나를 단련하는 과정이다'는 것이다. 고난이 왔을 때 사고의 전환을 통해 '할만 하네' '내가 능력 있는 사람이네'라고 자기 경영이 가능해지면 급변하는 세상에서도 지속적으로 성장할 수 있다.

셰릴 샌드버그(Sheryl Sandberg, 전 페이스북 COO)는 남편을 갑작스럽게 잃은 후 역경을 딛고 일어서는 법, 회복탄력성을 키우는 법, 삶의 어려움을 새로운 기회로 전환하는 법을 공유했다. 그녀는 "우리는 원하는 1번 옵션을 얻지 못할 수도 있다. 하지만 우리가 가진 Option B를 최고의 선택으로 만들 수 있다."[8]고 말하며 사고 전환을 했고 삶을 대하는 태도를 바꾸었다.

일론 머스크는 어려운 환경에서도 사고방식을 전환함으로써 혁신을 이루었다. 그는 테슬라가 심각한 자금난에 빠졌을 때도 환경을 탓하지 않고 기존 자동차 업계를 분석해 이를 해결할 새로운 접근 방식을 찾았다. 그는 "세상이 어떻게 되어야 하는지를 고민하기보다는, 그것을 실현할 방법을 찾는 것이 더 중요하다"[9]고 말했다.

나도 위기가 오면 '나를 또 얼마나 멋지게 성장시키려고 이 위기가 왔을까?'라고 설레면서 상황을 바라볼 수 있는 연습을 해왔다. 그 결과 유방암을 극복하고, 사랑하는 사람들을 떠나보내는 슬픔속에서도 나를 잃지 않았다.

불확실한 세상에서 살아가는 우리에게 중요한 것은, 어떤 변화가 오더라도 내 삶이 멈추지 않고 자율주행할 수 있게 하는 것이다.[10] 인간의 기본값은 스트레스를 받으면 자동으로 멈추는 것이다. 스트레스는 두렵고 불안하고 모르는 것에서부터 온다. 하지만 우리의 내면이 단단하다면 이 감정을 '호기심'으로 전환할 수 있는 힘과 여유가 생긴다. 그러면 스트레스 상황에서도 우리 삶은 멈추지 않고 자율주행 모드로 나아갈 수 있게 된다. 그것을 위해서는 흔들리지 않는 내면의 힘을 키워야 한다.

또 다른 변하지 않는 원칙은 '욕망이 없다면 불안도 없지만 발전도 없다'는 것이다. 그러므로 우리는 욕망을 현명하게 다스릴 줄 알아야 한다. 우리는 더 나은 직업, 더 높은 연봉, 더 큰 집을 가지면 행복할 것이라 믿는다. 하지만 욕망이 충족된다고 해서 불안이 사라지는 것은 아니다. 욕망은 끝이 없기 때문이다. 욕망을 다스리는 가장 효과적인 방법은 '불변하는 것'에 집중하는 것이다.

나는 무엇을 할 때 가장 즐거운가?
나는 무엇을 위해 살아가고 있는가?

내가 지금 가진 것 중에서 가장 소중한 것은 무엇인가?
그 본질에서 나오는 욕망은 우리 삶에 발전을 가져올 수 있다. 결국 변화하는 세상 속에서도 변하지 않는 원칙이 우리를 지켜준다. 이것이 우리가 변하지 않는 것에 집중해야 하는 이유다.

2

변화는 내면에서 시작된다

명상을 통해 발견한
'앎'의 의미

 눈을 감고 깊이 숨을 들이쉬어 보자. 그리고 내 몸의 경계가 사라진다고 상상해본다. 팔과 다리, 얼굴, 심지어 내 이름과 역할까지 모두 흐려진다면 무엇이 남을까? 아마도 내 안에 떠오르는 생각들, 감정들, 마음의 소리들이 있을 것이다. 하지만 이제 그것들마저 잠시 옆에 두고, 완전한 고요 속으로 들어가 보자. 그때에도 남아 있는 '무언가'가 있다. 그것은 바로 '인식하고 있는 나', 생각 이전의 나, 감정 이전의 나, 존재 자체로서의 나이다.
 에카르트 톨레는 이를 "당신은 머릿속의 목소리가 아니다. 그것을 바라보는 존재다"라고 표현했다. 이 말이 처음엔 추상적으로 느껴질 수도 있다. 하지만 명상을 통해 반복적으로 내면을 관찰하다 보면, 우리는 우리가 '느끼는 감정'도 '하는 생각'도 아닌, 그 모든 것을 인식하는 존재라는 사실을 체험하게 된다.

나는 누구인가?
명상을 통해 발견한 나

"당신은 누구입니까?"

이 질문에 당장 답할 수 있는가? 대부분은 자신을 이름, 직업, 역할, 과거 경험으로 정의한다. 하지만 우리는 이 모든 것을 내려놓았을 때도 여전히 존재한다. 또한 우리는 우리 내면에서 끊임없이 들려오는 마음의 소리를 우리의 목소리로 착각하고 산다. '내 마음, 내 생각, 내 감정'은 내 가방이나 내 차와 같이 '나의 것'이지 '나'는 아니다. 그렇다면 '나'는 누구인가?

나 역시 인생의 굴곡을 지나며 이 질문 앞에 섰다. "나는 누구인가?" 출산 후 정체성을 잃어갈 때, 유방암 투병으로 생존과 존재의 경계를 느낄 때, 이혼과 아이의 사춘기를 함께 통과할 때마다 '나'라는 존재의 본질에 대해 묻지 않을 수 없었다. 엄마, 변호사, 환자… 이런 역할이 전부일까?

긴 시간 책을 읽고, 강연을 듣고, 스승을 찾아다녔다. 하지만 궁극적인 답은 외부가 아닌 내면에서 찾아왔다. 어느 날 명상 중에 깨달았다. 나는 어떤 '역할'이 아니라 그것들을 선택하고 경험하는 의식 그 자체라는 것을. 나는 그 모든 것을 초월한 빛이고, 우주의 일부이자 동시에 우주 그 자체였다. 텅 비어 있기에 내 안에는 무한한 가능성이 있었고, 내 삶은 내가 의식적으로 혹은 무의식적으로 만들어낸 결과였다는 것도 함께 알게 되었다.

스티브 잡스도 젊은 시절 인도에서 젠(Zen) 명상을 배웠다. 잡스는 애플 창립 이후에도 꾸준히 명상을 실천했으며, 단순함과 본질을 강조하는 그의 디자인 철학은 이런 영적 사유에서 비롯된 것이라고 볼 수 있다. 잡스는 한 인터뷰에서 "명상을 통해 잡음이 사라지고, 내면에서 가장 중요한 것이 남는다"고 말했다.[11] 잡스는 자신의 장례식에서 모든 참석자들에게 파라마한사 요가난다(Paramahansa Yogananda)의 《요가난다 영혼의 자서전(Autobiography of a Yogi)》을 선물로 나눠줄 것을 유언으로 남길 정도로 명상이 그의 평생에 영향을 미쳤다.

달라이 라마는 그의 저서 《The Art Of Happiness》에서 '자신을 찾는 것이 인생의 가장 중요한 목표'라고 말했다. 그는 '명상을 통해 외부 환경에 흔들리지 않는 내면의 평온을 유지하며, 참된 자아를 발견하는 것이 인류가 추구해야 할 길'이라고 강조했다.[12]

우리는 우주의 일부이며, 동시에 우주 자체다

"우리는 우주의 일부이며, 동시에 우주 자체다"라고 한 칼 세이건의 말처럼, 명상을 계속 하면서 내가 물리적인 몸을 넘어, 우주처럼 무한한 가능성을 가진 에너지임을 깨닫게 되었다. 그리고 내 존재를 우주보다 크게 확장하면 불가능한 것은 없다는 것을 알게 되었다.

나는 매일 뒷장에 소개되는 '우주 명상'을 하며, 내가 모든 가능성을 가진 존재임을 체화해 나갔다. 우주 명상에서 내 존재는 방 안을 넘어 도시, 지구, 그리고 우주로 확장된다. 나는 그렇게 매일 아침, 내가 무한한 가능성을 가진 존재임을 경험하고, 우주를 품은 존재로서 경험하고 싶은 삶을 창조한다. 나는 그저 하나의 인간이 아니라, 모든 것이었고, 모든 것은 나였다.

어느 날 명상 중에 내 몸이 빛의 알갱이처럼 해체되어 우주 전체로 퍼져 나가는 감각을 경험했다. 나는 더 이상 물리적 육체가 아닌 우주의 파동으로 존재했다. 그때 나는 우주의 주파수와 정확히 맞춰지는 느낌이 들었다. '찾았다!' 그 순간 말로 설명할 수 없는 평온과 감사함이 물밀듯이 몰려왔다. 모든 것이 하나로 연결되어 있고, 나는 그 일부가 아닌 전체였다는 자각이 몰려왔다.

또 다른 날에는 우주의 빛이 내 세포 하나하나를 채우는 감각이 들었다. 그리고 그 작은 세포 하나도 하나의 소우주라는 사실을 직관적으로 깨달았다. 나는 하나의 우주였고, 동시에 더 큰 존재의 세포와 같은 존재였다. 이렇게 세포 하나하나가 빛으로 가득차면 주변 세포에 영향을 미치고 결국 우주를 빛나게 한다는 것을 깨달았다. 그렇게 우리는 서로 연결되어 있고, 서로에게 영향을 주고받으며 끊임없이 변화한다.

이런 경험은 나만의 특별한 체험이 아니다. 수천 년 전 붓다는 깨달음을 얻은 후 "모든 것은 서로 의존하며 연결되어 있다."고 말했다고 한다. 그리고 이러한 통찰은 철학이나 신비주의에만 머무르지 않는다. 양자물리학은 이 감각을 과학적으로 뒷받침한다. 모든 물질은 미립자 수준에서 본질적으로 파동이며, 관찰에 따라 형태가 결정된다는 것이 그 핵심이다.

명상에서 얻은 인사이트를 과학이 증명하다

양자 물리학에 따르면 세상의 모든 것들은 가장 작은 단위로 쪼개면 미립자(quantum particle) 상태에서는 사실상 99.9999%가 비어 있는 에너지 상태만 남는다고 한다. 우리 두뇌도, 마음도, 생각도 마찬가지다. 모든 것은 칼 세이건의 말처럼 '빛의 알갱이'로 이루어져 있고, 서로 상호작용하며 유기적으로 연결되어 있다.

양자 물리학에서 모든 물질은 입자나 파동으로 존재하며 무엇이 될 '가능성' 혹은 '확률'로만 존재한다고 한다. 그리고 그것이 어떤 모습일지를 결정하는 것은 관찰자인 우리 자신이라는 거다. 다시 말해 우리가 인식하는 대로 물질이 빚어지고, 우리가 마음먹은 대로 눈앞의 세상이 바뀔 수 있다는 거다. 기존 물리학의 관점에서 보면 내 앞의 물컵과 나는 서로 상관관계가 없지만, 양자 물리학에서 보면 물컵은 우리가 그곳에 존재한다고 인식하기 때문에 존재하는 거다. 생각이 생기는 순간, 진동이 만들어지고 진동수가 같은 미립자들은 서로 끌어당긴다. 그렇기 때문에 우리의 생각은 현실을 창조하는 힘을 가진다.

이와 관련하여 토마스 영(Thomas Young)을 비롯한 여러 과학자들이 행한 이중 슬릿 실험이라는 유명한 관찰자 효과(observer effect) 실험이 있다. 이 실험에서 실험자는 이중 슬릿(double slit)을 만들어 놓고 빛을 통과시켜 어떤 패턴을 형성하는지 관찰했다. 실험자가 관찰할 때, 빛은 예상했던 대로 입자(알갱이)처럼 행동하여 반대편 벽에 알갱이 무늬를 만들었다. 그런데 실험자가 자리를 비우고 관찰하지 않을 때, 빛은 파동(물결)처럼 행동하며 물결 무늬를 형성했다.

이 실험은 무엇을 의미할까? 미립자는 우리가 생각하는 것을 미리 인식하고, 우리가 기대한대로 행동한다는 것이다. 즉, 우리의 의식이 현실을 창조한다는 사실을 과학적으로 증명한 실험이다. 마치 우주가 우리의 의식과 연결되어 있는 것처럼 우리가 어떤 생각을 하느냐에 따라 우리 삶에 나타나는 현실이 달라질 수 있다.

나는 생각으로 현실을 창조하는 경험을 여러 번 했다. 수년 전 로펌에서 주니어 변호사로 일하던 시절, 나는 영국 세법을 자문하는 입장이었기에 한국에 업무로 갈 기회가 거의 없었다. 하지만 한국에 자주 출장 가며 일하고 싶다는 바람이 생겼고, 아무 근거도 없이 주변 사람들에게 한국에 자주 가게 될 거라고 이야기했다.

그러던 중 2012년, 뜻밖에도 글로벌 해상풍력 컨퍼런스에서 한국 정부의 신재생에너지 정책을 주제로 연사로 지원할 기회가 생겼다. 사실 나는 해상풍력의 기술적 전문가는 아니었기에 연사로 채택되기는 어려울 것이라 생각했다. 하지만 결과는 예상과 달랐다. 업계 최고의 권위를 가진, 입장권만 해도 수백만 원에서 수천만 원에 이르는 그 행사에 나는 연사로 초청받았다.

급하게 발표를 준비하면서도 내가 해상풍력 기술 전문가가 아니라는 부족함에 집중하지 않았다. 대신 '한국의 정책과 기업을 소개하는 데는 내가 전문가이고, 그 사업을 진행하는 과정에서 필요한 영국 법률을 설명하는 데는 누구보다 전문성이 있다'는 생각으로 나를 설득했다. 그 믿음은 곧 현실이 되었다. 연설은 큰 성공을 거두었고, "내가 들어본 최고의 발표였다"는 찬사까지 받았다.

그 이후 한국에서 강연할 기회가 이어졌고, 한국 기업들과 본격적으로 협업하며 매년 3~4회 정도 한국을 방문하게 되었다.

회사 방침에 따라 출장 시에는 항상 비즈니스 클래스를 이용하고 5성급 호텔에 머물렀는데, 장거리 여행으로 피곤하면 아무 일도 할 수 없다는 합리적인 이유 덕분이었다.

또 하나 놀라웠던 경험은 매년 말 인스타그램에 새해 소망을 기록하던 습관에서 비롯되었다. 어느 해 새해 계획을 세우던 중 우연히 3년 전의 기록을 다시 보게 되었는데, 거기에 적어 두었던 소망들이 이미 하나하나 현실이 되어 있었다. 그 순간 나는 '생각이 곧 현실이 된다'는 말을 단순한 이론이 아니라 내 삶 속에서 실제로 증명해 보았음을 실감했다.

이처럼 '나는 누구인가'를 아는 것은 단순한 철학적 질문이 아니라 현실을 창조하는 출발점이다. 내가 스스로를 제한된 존재로 인식하면 그에 걸맞은 제한된 현실이 펼쳐지고, 나를 무한한 가능성의 존재로 인식하면 그에 맞는 현실이 열린다.

생각이 진동을 만들고, 같은 파장을 가진 미립자들이 서로 끌어당긴다. 우리가 품는 생각은 결국 현실을 끌어당기는 '진동의 명령어'가 되고, 우주는 마음속 생각을 거울처럼 물질로 투사시켜준다. 이 원리는 고대 성인들이 반복해서 전한 메시지와도 일치한다. 예수는 "너희가 믿는 대로 될 것이다"라고 했고, 부처는 "마음이 곧 세계"라고 말했다. 아인슈타인도 이 세상에 나타나는 모든 것은 생각이 만들어내는 에너지의 흐름이라고 했다. 그러므로 생각이 바뀌면 에너지가 바뀌고, 에너지가 바뀌면 현실이 바뀐다.

  결국 중요한 것은 선택이다. 나는 스스로 마음을 작게 닫고, 영화 속 캐릭터처럼 정해진 역할 속에 갇힌 작은 존재로 살아갈 수도 있다. 혹은 반대로 마음을 우주보다 크게 확장해 내 삶을 관찰하고, 내 뜻대로 현실을 창조하며 살아갈 수도 있다.

  그렇다면 당신은 선택을 할 것인가? 작게 닫힌 마음으로 정해진 운명에 순응하며 살아갈 것인가, 아니면 내 의식이 현실을 창조한다는 사실을 깨닫고 스스로 선택한 방향으로 자신만의 우주를 창조하며 살아갈 것인가? 우리의 현실은 그 선택에 따라 달라진다. 그리고 지금 이 순간 그 선택은 오직 나의 것이다.

비전 설정과 성공의 기초는 나를 아는 것이다

고대 그리스 철학자 소크라테스는 "네 자신을 알라"는 말을 남기고 형장의 이슬로 사라졌다. 그는 인간이 진정으로 행복하게 살기 위해서는 자신을 아는 것 외에는 다른 길이 없다고 보았다. 하지만 현대를 살아가는 우리는 정작 자신을 제대로 알지 못한 채, 사회가 정해놓은 기준에 따라 성공을 쫓고, 외부의 평가에 따라 자신을 규정하며 살아간다. 뿌리 깊은 나무만이 크게 자랄 수 있듯이, 인생의 성공은 내면의 깊이와 넓이에 의해 결정된다. 나를 알지 못한 채 무작정 높은 곳을 향해 달려가면 언젠가 방향을 잃고 길을 잃을 수밖에 없다.

불편한 내면 속에 숨겨진 보물

자신을 깊이 들여다보는 과정은 마치 어두운 동굴 속을 탐험하는 것과 같다. 처음에는 앞이 보이지 않아 두렵고 불안하지만, 끝까지 걸어가 보면 그곳에는 빛나는 보물이 기다리고 있다. 그 보물은 다름 아닌 '진정한 나', 그리고 내가 가진 잠재력과 가능성의 실체다. 이 여정을 반복할수록 혼자 있는 시간이 외롭거나 두려운 것이 아니라 충만한 시간이 되고, 내 안에 무엇이 부족한지, 또 무엇을 채워야 하는지를 스스로 깨닫게 된다. 그러면 더 이상 불안과 두려움이 나를 지배하지 않는다. 오히려 내가 그것들을 활용하며 앞으로 나아갈 힘을 얻게 된다.

우리는 흔히 불편한 감정을 회피하고 싶어 한다. 슬픔, 불안, 두려움 같은 감정들은 마치 마주하고 싶지 않은 손님처럼 느껴지기 때문이다. 하지만 나를 깊이 알기 위한 여정은 오히려 그 불편함 속으로 들어가는 데서 시작된다. 불편한 감정을 직면하고 충분히 경험할 때, 비로소 그 감정의 본질과 원인을 이해할 수 있으며, 그것은 더 이상 나를 압도하는 존재가 아니라 내가 다룰 수 있는 도구가 된다. 감정을 피하는 대신 그 감정과 함께 머무르는 연습을 하면, 나는 나 자신을 더 깊이 이해할 수 있고, 결국 더 큰 안정과 자유를 얻게 된다.

지금 우리가 품고 있는 감정이 우리의 미래를 결정한다. 우리의 감정과 생각은 마치 쿠키 반죽과도 같아서 처음에는 유동적이지만, 우리가 어떤 생각을 하고 어떤 감정을 품느냐에 따라 모양이 달라지고, 그것이 굳어지면서 우리의 현실이 된다. 기쁨과 감사의 감정을 지속적으로 훈련하면 그것이 현실로 나타난다. 반대로 불안과 두려움을 지속적으로 느끼면 그 에너지가 삶을 지배하게 된다. 결국 지금 내가 어떤 감정의 에너지를 키우고 있는가에 따라 미래의 나는 달라진다.

예를 들어, 우리가 돈을 바라보는 시각을 생각해보자. '돈 벌기는 어렵다'는 생각과 불안한 감정을 반복하면, 그 진동은 현실에서도 금전적 제약을 초래한다. 반면, 돈을 풍요롭고 자연스러운 에너지로 받아들일 때, 돈의 흐름도 자유로워진다. 이는 단순한 심리학이 아니라 물리학적으로도 설명 가능한 원리다. 우리의 감정은 특정 진동수를 갖고 있으며, 같은 파장을 가진 현실을 끌어당긴다.

나는 이혼 과정을 겪으면서 극심한 불안감과 에너지의 고갈을 경험했다. 아침마다 숨을 쉴 수 없을 정도로 불안했고, 온 에너지가 이혼 협상과 절차에 빨려 들어가면서 당시 운영하던 사업체의 매출은 급격히 줄어들기 시작했다. 돈은 벌자마자 변호사 비용으로 빠져나갔고, 정신을 제대로 붙들기가 힘들었다. 하지만 그 과정에서 한 가지 깨달음을 얻었다. 한 번도 지불해본 적 없는 큰 금액의 법률 비용을 치렀음에도 내 삶은 무너지지 않았고, 일상에는 큰 지장이 없었다. 그때 나는 돈이 단순히 '에너지의 흐름'일 뿐이라는 사실을 뼈저리게 이해하게 되었다.

놀랍게도 이혼 합의가 마무리되자마자 마치 마술처럼 새로운 길이 열렸다. 영국 내 상위 1%에 해당하는 연봉을 받고 대형 로펌에 합류하게 되었고, 공기업의 사외이사직까지 제안받았다. 바닥을 보이던 통장은 순식간에 다시 채워졌고, 삶은 이전보다 훨씬 순조롭게 흐르기 시작했다.

이 경험은 불편한 감정 속으로 들어가 직면할 때 비로소 얻게 되는 보물이 무엇인지 보여준다. 불안과 두려움에 휘둘릴 때는 모든 것이 무너지는 듯 보였지만, 그 감정 속을 끝까지 통과했을 때 돈과 삶을 바라보는 완전히 새로운 시각을 얻게 되었고, 그 시각이 현실을 바꾸어 놓았다.

비전 설정과 성공은
'나를 아는 것'에서 시작된다

삶은 단순한 의지나 노력만으로 바뀌지 않는다. 진정한 변화는 자신에 대한 인식이 바뀔 때 일어난다. 불편한 감정을 피하지 않고 직면할 때 그 감정은 통증이 아니라 배움이 된다. 그리고 그 과정에서 우리는 더 넓은 시야로 자신과 세상을 바라볼 수 있는 힘을 얻게 된다. 바로 그것이 내면의 자유이자 진정한 성장을 이끄는 동력이다. 성공이란 목표를 이루는 결과가 아니라 자신의 잠재력을 최대한으로 발현하는 과정이다.

그렇다면 어떻게 해야 자신의 가능성을 최대로 끌어낼 수 있을까? 그 가능성은 '내가 누구인지 아는 것'에서 시작한다. 자기 이해는 곧 자기 수용이며, 자기 수용은 나만의 속도와 방향을 찾게 해준다. 거기서 나만의 비전이 피어난다. 우리의 자아는 어린 시절부터 형성된다. 마치 어린 나무가 바람에 기울어지면 커서도 똑바로 자라지 못하듯, 어릴 때부터 부정적인 환경에 노출되면 자기 인식도 왜곡될 수밖에 없다.

하지만 이제 우리는 성인이고 더 이상 외부 환경만 탓하지 않아도 된다. 우리의 운전대를 스스로 잡고, 어떤 마음으로 어디를 향할지를 선택할 수 있다. 과거의 상처와 경험이 현재의 나를 제한할 수는 없다. 그것은 오직 내가 허용할 때만 영향을 미칠 뿐이다. 자신을 알고 자신을 깊이 이해하는 과정은 단순한 자기 탐색이 아니라 나의 가능성을 극대화하는 열쇠다. 이 자기 인식의 여정에서 명상은 가장 강력한 도구가 될 수 있다.

AI 시대,
인간이 가져야 할 진짜 경쟁력

AI의 발전은 인간의 역할에 근본적인 질문을 던지고 있다. 과거에는 정보와 지식이 힘이었지만, 이제는 AI가 방대한 데이터를 처리하고 논리적 사고를 수행하는 시대가 되었다. 기술은 거의 모든 영역에서 인간을 대체하고 있으며, 반복적 사고와 분석조차도 인공지능이 더 빠르고 정확하게 수행한다. 이에 따라 인간이 차별화될 수 있는 요소는 더 이상 정보의 축적이나 단순한 문제 해결력이 아니다.

그렇다면 AI 시대에서 인간이 가져야 할 가장 강력한 무기는 무엇일까? 바로 '자기 이해(self-awareness)'다. 자기 이해는 단순히 '나는 이런 사람이다'라고 아는 것을 의미하지 않는다. 그것은 자신의 감정을 다스리고, 자신의 한계를 인식하며, 주어진 환경에서 최적의 선택을 할 수 있는 능력을 의미한다.

이 능력이 부족한 사람은 변화하는 시대 속에서 AI가 제시하는 해결책을 무비판적으로 따르게 될 가능성이 크다. 반면, 자기 이해가 높은 사람은 AI의 답을 그대로 수용하는 것이 아니라 문제가 과연 근본적인 문제인지, 혹은 더 중요한 문제가 있는지를 판단할 수 있다. 즉, 미래 사회에서 성공의 기준은 더 이상 지식이나 기술이 아니라 '내면을 다룰 줄 아는가'가 될 것이다.

AI가 아무리 발전해도 인간만이 할 수 있는 것이 있다. AI는 데이터를 분석하고 패턴을 찾아내지만, 새로운 비전을 설정하는 것은 인간의 몫이다. AI는 과거의 정보를 바탕으로 미래를 예측할 수 있지만, 새로운 미래를 창조하는 것은 오직 인간만이 할 수 있다.

스티브 잡스가 아이폰을 만들 때, AI가 "스마트폰을 만들어라"라고 조언했을까? 아니다. 그가 스마트폰을 만든 이유는 기존에 없던 새로운 경험을 창조하고 싶었기 때문이다. 그리고 이 혁신은 자기 이해에서 출발했다. 그는 자신이 어떤 삶을 살고 싶은지, 어떤 제품을 만들고 싶은지 명확하게 알고 있었기 때문에 남들이 보지 못한 가능성을 읽을 수 있었다.

AI는 '정답'을 줄 수 있지만, 비전은 자기 존재를 알고 사랑하는 사람에게만 주어지는 감각이다. 비전은 단순한 목표가 아니라 존재의 방향성이다. 목표는 '돈을 많이 벌고 싶다'처럼 구체적인 성취 지점을 의미하지만, 비전은 '나는 무엇을 위해 살 것인가?'에 대한 답이다. 그리고 이 비전은 나를 아는 과정 없이는 절대 나올 수 없다. AI 시대에서 비전 설정 능력을 갖춘 사람만이 진정한 리더로 남을 수 있다.

결국 자기 이해는 삶 전체의 기초이며, 비전 설정과 성공의 기초가 된다. 그것은 내비게이션이자 나침반이며 동시에 창조의 씨앗이다. 대체 가능한 일은 AI가 할 수 있지만, 대체 불가능한 것은 오직 '나'만이 할 수 있다. 앞으로는 나의 경험, 나의 이야기, 나의 삶 자체가 가장 큰 자산이 된다는 것을 잊지 말아야 한다. 삶을 하나의 걸작으로 완성하고자 한다면, 우리는 우리의 본질을 깊이 이해하고, 그 본질을 세상과 나누며 살아야 한다.

타인의 기준이 아닌
나만의 기준을 세우자

우리는 살아가면서 크고 작은 선택의 기로에 서게 된다. 그때마다 자연스럽게 '어떤 선택이 맞는 것인가?'를 고민한다. 하지만 대부분 사람들은 이 질문을 스스로에게 묻기보다 사회가 정해놓은 기준이나 타인의 기대를 기준 삼아 결정을 내린다. 좋은 직장, 안정적인 수입, 사회적으로 인정받는 삶, 우리는 마치 이미 정해진 공식이라도 있는 것처럼 그것을 따라가야 한다고 믿는다. 하지만 타인의 기준을 따르는 삶에서는 결국 진정한 만족감도 지속 가능한 행복도 찾기 어렵다.

**비교에서 벗어나
내면의 눈을 여는 연습**

"남과 비교하지 말고 네가 진짜 원하는 걸 찾아봐."

이 말은 너무 당연하게 들리지만, 실행하기는 쉽지 않다. 우리는 본능적으로 남과 비교하면서 살아간다. 같은 나이에 더 좋은 직장을 가진 친구, 나보다 빨리 승진한 동료, SNS에서 멋진 삶을 살아가는 듯한 사람들을 보면 나도 모르게 초조함이 든다. 하지만 끝이 없는 비교의 함정에 빠지면, 우리는 결코 만족할 수 없다. 내가 성공했다고 느낀 순간에도, 나보다 더 높은 곳에 있는 사람을 보며 또다시 부족함을 느끼게 된다. 문제는 비교의 기준이 '남'에게 있다는 것이다.

그렇다면 비교에서 벗어나는 방법은 무엇일까? 나는 오랫동안 세상을 '내면의 눈'으로 바라보는 연습을 해왔다. 그 눈은 양미간 사이, 안쪽으로 약 5cm 지점에 있는 듯한 감각으로 느껴진다. 처음엔 낯설고 어렵지만, 연습을 거듭하면 외부의 자극에 휘둘리지 않고 내 감정과 생각을 객관적으로 바라보는 힘이 자라기 시작한다.

하루 5분만 투자해서 연습해보자. 눈을 감고 내면의 눈을 뜨고 "지금 나는 어떤 감정을 느끼고 있지?"라고 조용히 물어보는 것만으로도 충분하다. 처음에는 아무런 답이 들리지 않을 수도 있지만, 연습하다 보면 내 안에서 올라오는 미묘한 감정의 흐름을 알아차리게 된다.

이렇게 내면의 눈을 통해 생각과 감정을 보는 동시에 몇 가지 방법으로 생각과 감정을 객관화시킬 수 있다. 나는 종종 내 생각과 감정을 어항 속에서 헤엄치는 물고기에 비유한다. 내가 물고기라고 믿으면 파도처럼 일렁이는 감정에 휩쓸리지만, 어항 바깥에서 물고기를 지켜보는 사람이라고 생각하면 그 물결에 흔들리지 않고 차분히 바라볼 수 있다. 그렇게 내 감정을 떨어져서 바라보면 감정은 더 이상 나를 지배하지 못한다.

또 하나의 습관은 감정을 스케치북에 적어두고 바라보는 것이다. 마음속에서만 맴도는 감정을 글자로 꺼내놓으면, 그것이 더 이상 나와 뒤엉켜 있지 않고 독립적인 대상으로 존재한다는 것을 깨닫게 된다. 신기하게도 이렇게 꺼내놓고 한참을 바라보기만 해도 감정은 서서히 힘을 잃고 사라져 빈 스케치북만 남는다. 이러한 연습을 반복하면 어떤 상황에서든 자신의 감정을 객관적으로 바라볼 수 있는 힘이 생긴다. 그리고 바라볼 수 있으면 선택이 가능해진다. 즐거운 감정이 오면 풍덩 빠지고, 부정적인 감정은 그냥 바라보고 흘려보내면서 나는 점점 자유로워진다.

직관을 키우는 법
내 안의 황금새와 대화하기

우리는 누구나 내면 깊숙이 '직관'이라는 강력한 나침반을 가지고 있다. 아이들은 머리로 복잡하게 계산하지 않고, 본능적으로 자신이 원하는 것을 알고 움직인다. 그러나 성장하면서 외부의 기대와 목소리에 끊임없이 노출되며 이 순수한 감각은 점점 희미해진다. 어떤 선택을 앞두고 머릿속이 복잡할 때, 사실 우리의 내면은 이미 알고 있다. '이 선택은 왠지 끌린다.' '뭔가 느낌이 좋지 않아.' 같은 미묘한 느낌은 직관의 언어다.

그렇다면 왜 우리는 자신의 직관을 믿지 못할까? 직관을 무시하는 습관이 몸에 배었기 때문에 직관의 소리인지 마음의 소음인지 구별조차 하지 못하게 되었기 때문이다. 하지만 우리는 다시 내면의 소리에 귀 기울이는 연습을 할 수 있다. 아이들이 어렸을 때 이렇게 말해주곤 했다.

"너희 머릿속에 '황금새'가 살고 있어. 그 새는 무엇이든 질문하면 답을 주지만, 목소리가 작아서 조용히 눈을 감아야 들을 수 있어."

사실 이 황금새는 바로 우리 안의 직관이다. 조용히 눈을 감고 나만의 황금새에게 물어보자.

"오늘 나는 무엇을 해야 할까?"
"지금 마음속 깊은 곳에서 나에게 주는 메시지는 무엇일까?"
"어떤 선택이 나에게 가장 자연스러운가?"

그리고 하루를 마칠 때 다시 질문하자.

"오늘 나는 어떤 선택을 했는가?"
"그 선택이 나를 진짜 원하는 방향으로 이끌고 있는가?"

내가 어떤 선택을 했는지를 돌아보는 과정 속에서, 내가 왜 그런 선택을 했는지에 대한 이유도 함께 발견할 수 있다. 이렇게 매일 내면의 눈으로 보고 직관과 대화하는 습관을 들이면, 우리는 점점 남의 의견보다 내 안의 소리에 집중하는 법을 배우게 된다. 그리고 그 순간부터 우리는 타인의 기준이 아니라 내가 원하는 삶을 주도적으로 선택할 수 있는 힘을 갖게 된다.

**타인의 기대에서 벗어나
나만의 삶을 창조하기**

우리는 모두 다른 삶을 살아가야 한다. 어떤 이는 높은 연봉을 받으며 안정적인 직장을 원할 수 있지만, 또 다른 이는 자유롭게 여행하며 사는 삶을 원할 수도 있다. 중요한 것은 남들의 기준이 아닌 내가 원하는 삶을 선택하는 기준을 갖는 것이다.

또한 우리는 종종 '누군가가 나를 이해해주길 바란다', '나를 행복하게 해줄 사람을 만나고 싶다'라고 생각한다. 하지만 내면이 채워지지 않은 상태에서 외부로부터 그 결핍을 채우려고 하면 결국 더 깊은 공허함만 남게 된다.

우리는 내 안의 공허함을 채우기 위해서는 타인에게 의존하지 않는 법을 배워야 한다. 나를 채우는 가장 좋은 방법은 스스로에게 최고의 친구가 되고, 최고의 멘토가 되어주는 것이다. 내 감정을 바라보고, 내면의 소리를 듣고, 스스로에게 따뜻한 말을 건네보자.

"나는 지금 이대로 충분해."

"나는 내가 원하는 삶을 살 권리가 있어."

이렇게 나를 인정하고 사랑하기 시작하면, 우리는 더 이상 타인의 기준에 맞추기 위해 애쓰지 않게 된다. 그리고 그때부터 진짜 나만의 기준을 세우고, 그 기준에 따라 삶을 창조해 나갈 수 있는 힘이 생긴다.

나 역시 오랫동안 타인의 기대에 맞추며 살았다. 높은 연봉, 안정적인 직장, 남들이 인정하는 성공만을 쫓았다. 하지만 내면이 단단해진 뒤, 나는 비로소 "이 길이 나를 성장시킬 수 있는가"라는 나만의 기준으로 커리어를 선택하기 시작했다. 그 결과 남들의 눈에 비치는 성공보다 훨씬 더 깊은 성취와 자유를 얻게 되었다. 또 이혼 과정에서 느낀 공허함 속에서 누군가가 나를 채워주길 기다리는 대신, 스스로 내면을 돌보고 나를 지지하는 법을 배웠다. 그 순간부터 외부의 기대에서 벗어나 오직 내가 원하는 삶을 창조할 힘이 생겼다.

**나만의 기준을 세우면
인간관계도 달라진다**

타인의 기준이 아닌 나만의 기준을 세운다는 것은, 내가 타인과 어떤 인간관계를 맺을 것인지, 어떻게 사랑하고, 어떻게 관계를 유지할 것인지에도 깊이 영향을 미친다. 우리는 종종 남들에게 인정받기 위해 인간관계를 맺는다. 외롭기 때문에 혹은

'이 사람과 친해야 한다'는 사회적 압박 때문에, 자신과 맞지 않는 사람들과 관계를 맺기도 한다. 그러나 이런 관계는 깊은 유대감을 만들기 어렵다. 타인의 기준으로 맺은 관계는 나의 진심이 담기지 않기 때문이다.

진정한 관계는 내가 나를 있는 그대로 받아들이고, 나만의 기준으로 사람을 선택할 때 비로소 형성된다. 나는 한때 '내 곁에는 이런 사람이 있어야 해'라는 생각으로 관계를 맺었지만, 점점 그 관계가 공허하게 느껴졌다. 그러다 어느 순간 내가 원하는 관계를 만들려면 먼저 내가 나 자신과 깊이 연결되어 있어야 한다는 것을 깨달았다.

나를 존중할 수 있어야 상대도 있는 그대로 받아들일 수 있다. 그리고 나를 있는 그대로 받아들이는 사람만이 자연스럽게 나와 맞는 사람들과 건강한 관계를 맺을 수 있게 된다. 타인의 기준이 아닌 나만의 기준을 세우는 것은 쉽지 않다. 세상은 끊임없이 우리에게 비교를 강요하고, 남들과 다르면 불안하다고 느끼게 만든다. 하지만 진정으로 성공한 사람들은 남들과 다른 길을 가는 것을 두려워하지 않는다.

매일 단 5분만이라도 내 감정을 객관적으로 바라보고, 직관과 대화하며 나만의 기준을 되새기는 시간을 가져보자. 그렇게 하루하루 내면을 정렬해 나간다면, 언젠가는 남이 아닌 '나'로부터 나온 삶이 펼쳐지게 될 것이다.

어려움 속에서 깨달은
통찰과 내적 성장

아무 연고도 없는 영국에서 변호사가 되어 일하고, 아이를 낳고, 육아와 전문직을 병행하며 살아온 시간은 나에게 끊임없는 도전이었다. 낯선 환경, 다른 문화 속에서 나의 가치를 증명해야 했고, 전문성을 쌓아야 했으며, 가정과 일 사이의 균형을 끊임없이 조율해야 했다.

하지만 가장 큰 도전은 외부 환경이 아닌 내면에서 오는 것들이었다. 불안과 두려움, 비교와 자기 회의, 끊임없는 자기 의심… 그 모든 과정을 지나며 나는 삶을 바라보는 방식을 완전히 바꾸었다. 힘들었던 순간들이 나를 더 단단하게 만들었고, 무엇보다 내면의 성장을 가져왔다. 그 과정과 더불어 나의 멘토 중 한 분인 김영휴 대표를 통해 얻은 가장 본질적인 통찰은 세 가지다.

1) 통제할 수 있는 것에 집중하기
2) 넘어질 때마다 다시 일어나기
3) 나의 사각지대를 경영하며 살아가기

이 세 가지는 지금의 나를 만들어준 삶의 철학이자 위기에서 나를 지켜준 내면의 나침반이 되었다.

**변화를 받아들이고
통제할 수 있는 것에 집중하라**

영국에서 처음 변호사로 일하기 시작했을 때 내가 통제할 수 없는 것들이 너무 많았다. 언어 장벽, 문화적 차이, 업무 스타일의 차이, 그리고 유색인 여성으로서의 보이지 않는 벽들…. 처음에는 그런 외부 환경이 너무나 버거웠다. 동료들과 비교하며 부족함을 느꼈고, 내 노력과 상관없이 불리한 위치에 있다는 사실이 좌절스럽기도 했다. 때로는 '나는 여기서 어울리지 않는 존재인가?'라는 의문이 들기도 했다.

하지만 시간이 지나면서 나는 환경을 바꿀 수 없지만, 그 환경을 대하는 내 태도는 바꿀 수 있다는 중요한 통찰이 생겼다. 나는 영국인 동료들처럼 유창하고 고급스러운 억양으로 말할 수는 없었지만, 내 전문 분야에서 법률적 통찰력을 기르는 것은 가능했다. 내 경험과 배경에서 나오는 독창적인 시각은 나만이 가질 수 있는 것이었다.

한때는 내 외국인 억양을 숨기기 위해 말을 줄이곤 했지만, 이제는 어디서든 당당하게 내 의견을 말한다. 결국 중요한 것은 억양보다는 내가 어떤 가치를 제공하는 사람인가였다. 통제할 수 없는 것에 집중하면 무기력해지지만, 내가 할 수 있는 것에 집중하면 성장할 수 있다.

이 깨달음은 단순한 직장 생활에 그치지 않았다. 육아에서도, 인간관계에서도, 건강 문제에서도 마찬가지였다. 우리는 살면서 수많은 변화를 겪는다. 하지만 변화를 두려워하고 저항하는 대신 그것을 주어진 환경 속에서 내가 선택할 수 있는 가장 좋은 방법을 찾는 기회로 삼을 때 삶은 달라진다.

그리고 더 중요한 통찰은 우리는 성장하기 위해 살아간다는 것이다. 우리의 인생에서 가장 중요한 과업 중 하나는 이전보다 더 나은 한 개인이 되는 것이다. 단순히 더 많은 것을 성취하는 것을 말하는 게 아니라 끊임없이 성장하는 자신의 모습을 세상에 보여주는 것이다. 왜냐하면 내가 성장할 때 사회 전체의 수준이 높아지기 때문이다. 그리고 그건 내가 통제할 수 있는 영역 안에 있다. 우리가 저마다의 방법으로 성장할 때 사회 전체의 수준이 높아진다는 사실은 희망적이고 가치 있는 일이지 않은가?

더 나은 사람이 되기 위해서는 먼저 내가 통제할 수 있는 것과 통제할 수 없는 것을 구분할 줄 알아야 한다. 타인의 마음은 내가 통제할 수 없는 영역이다. 하지만 내 감정과 생각, 내가 어떻게 행동할 것인지는 얼마든지 내 힘으로 통제할 수 있다. 통제 불가능한 상황이 생겼을 때도 내가 할 수 있는 것은 있다, 상황을 받아들이고 책임을 지는 것. 성장은 거기서부터 시작된다.

일어서는 방법을 알면
넘어지는 것은 괜찮다

나는 한때 실패를 극도로 두려워하는 사람이었다. '완벽해야 한다'는 강박 속에서 살았고, 실수를 하면 그것이 나의 가치와 연결되는 것처럼 느꼈다. 특히 영국 로펌에서 일하면서 실수를 하는 것은 치명적인 일로 여겨졌다. 주니어 변호사 때 내가 작성한 자문서와 계약서에 빨간 펜으로 수정된 부분을 볼 때마다 스스로 무능한 변호사인 것 같아 자책했다.

그러던 어느 날 중요한 계약서를 작성하다가 실수할 뻔한 것을 상사가 발견한 적이 있었다. 모든 것이 끝난 것처럼 느껴졌다. 하지만 예상과 달리 상사는 이렇게 말했다.

"중요한 것은 실수하지 않는 것이 아니야. 실수를 했을 때 어떻게 대처하느냐야."

그 순간 깨달았다. 넘어지는 것은 괜찮다. 중요한 것은 다시 일어서는 법을 배우는 것이다. 그 이후로 실수할까 두려워 위축

되기보다는 더 적극적으로 질문하고 배우기 시작했다. 모르는 것을 인정하지 않으면 성장도 없다는 것을 깨달았기 때문이다. 완벽한 사람이 되려고 하면 결국 아무것도 하지 못한다. 하지만 실패를 두려워하지 않는 사람은 계속해서 도전할 수 있고 그 과정에서 더욱 단단해진다.

누구나 잘하는 일을 할 때는 문제가 없다. 하지만 문제가 생겼을 때, 예상하지 못한 상황에 부딪혔을 때, 거절당했을 때, 또는 자신이 감당하기 힘든 불안과 좌절에 직면했을 때, 우리는 쉽게 위축되고 방향을 잃는다. 그것은 인간의 기본값이지만, 이 기본값으로 살 것인지, 그것을 뛰어 넘을지는 우리가 선택할 수 있다.

나의 멘토는 일어서는 법을 알면 넘어지는 것은 더 이상 두려운 일이 아니니, 넘어지는 것을 의도적으로 선택해야 한다고 하셨다. 처음엔 힘들지만, 반복하다 보면 일어서는 속도가 빨라지고, 결국은 실패조차 성장의 재료로 바뀐다. 마라톤 선수도 처음엔 몇 킬로미터조차 버거워하지만, 꾸준한 훈련으로 42.195km를 완주하게 된다. 실수를 견디고 다시 일어서는 연습, 그것이 우리를 강하게 만든다.[13]

나의 사각지대를 마주하는 용기

인생에서 지속적으로 성장하기 위해서는 나를 잘 알고 자기 경영이 가능해야 한다. 나를 안다는 것은 단순히 나의 강점과 약점을 아는 것만이 아니라 내가 보지 못하는 맹점, 나도 모르게 회피하는 부분을 아는 것까지 포함한다.

하지만 이 과정은 쉽지 않다. 내가 볼 수 없는 맹점, 즉 사각지대를 마주하는 순간, 불편함과 두려움이 따라오기 때문이다. 우리는 누구나 자신이 잘하는 것만 하고 싶어하고, 부족한 부분을 들여다보는 것은 불편하게 느낀다. 그러니 맹점을 직면하기 위해서는 용기가 필요하다. 진짜 성장은 내 맹점을 직면하는 순간 시작된다.[14]

처음 영국 로펌에서 일할 때, 동료들과 비교하며 나의 부족한 부분을 피하려고만 했다. 완벽한 문장을 쓰려고 고민하다가 오히려 시간을 낭비했고, 질문을 하면 부족한 사람처럼 보일까봐 주저하기도 했다. 하지만 이것이 내가 피해오던 맹점이란 것을 보게 되었다. 피하면 피할수록 그것은 더 큰 장애물이 된다는 것을 깨달았다.

그 사각지대를 마주하기로 결심한 순간 나는 변화를 시작했다. 혼자 자유롭게 일하던 프리랜서에서 벗어나 대형 로펌의 지분 파트너 제안을 받아들였고, 조직의 리더가 되기로 선택했다. 그러기 위해서는 내 사고방식을 바꾸고 존재를 전환해야 했다. 나는 내 스스로 창조한 가능성에 영감을 받은 존재로 5번의 인터뷰, 케이스 스터디, 비즈니스 케이스 제출에 임했다. 그 과정에서 나는 단순히 '어떻게 하면 합격할까?'를 고민하는 것이 아니라 '나는 이 자리에서 어떤 가치를 만들 수 있는 사람인가?'를 고민했다.

존재의 전환은 생각의 전환 없이 불가능하다. 만약 내가 여전히 실수를 두려워하고 사각지대를 외면하는 사람으로 머물렀다면, 대형 로펌의 파트너가 되는 것은 불가능했을 것이다. 하지만 나는 내 한계를 마주하고, 그것을 넘어서기 위한 준비가 되어 있었기에 그 기회를 온전히 나의 것으로 만들 수 있었다.

마음을 정리하면
삶이 단순해진다

　우리는 하루에도 수십 가지 감정을 경험한다. 기쁨과 만족감 뿐만 아니라 불안, 분노, 후회, 걱정 같은 감정들도 쌓인다. 이 감정들이 정리되지 않은 채 머릿속에 남아 있으면 마치 쓰레기가 가득한 방에서 사는 것처럼 삶이 무거워진다. 머릿속이 복잡하면 불필요한 감정 소모로 인해 쉽게 지치게 되고, 선택의 순간에도 자신이 무엇을 원하는지 알 수 없게 된다.

　나는 매일 저녁, 하루를 정리하는 습관을 실천하고 있다. 요가로 몸과 마음의 긴장을 풀고 감사한 일 세 가지를 적는다. 그날의 성공과 개선할 점을 돌아보며 나 자신을 객관적으로 바라보고 다음 날 일정을 간단히 계획한다. 이렇게 하루를 명확하게 마무리하면, 감정의 잔상이 다음 날까지 남지 않고, 불필요한 걱정 없이 깊은 휴식을 취할 수 있다.

일론 머스크는 이와 비슷한 방식으로 '브레인 덤프(Brain Dump)'를 활용한다. 그는 하루를 마무리할 때 머릿속의 모든 생각과 해야 할 일들을 종이에 털어놓는다. 이렇게 하면 머릿속이 정리되고, 다음 날 무엇을 해야 할지 명확해지며 걱정이 줄어들고 집중력이 높아진다고 한다.

특히 나는 '실제로 일어난 일'과 '내가 붙인 해석'을 분리하는 연습을 한다. 우리는 종종 타인의 말이나 행동을 과장되게 해석하며 불필요한 감정을 덧붙인다. 예를 들어, 누군가가 무뚝뚝하게 대했을 때 '나를 무시한 건가?'라고 받아들이기 쉽지만, 사실 그 사람은 피곤하거나 감정적으로 여유가 없었을 수도 있다. 이처럼 실제 상황과 해석을 구분하는 연습은 감정 소모를 줄이고 더 부드럽고 명확하게 소통할 수 있게 도와준다. 특히 사춘기 아이와의 관계에서 나는 아이의 작은 반응에도 지나치게 민감해져 괴로워하곤 했다. 예를 들어, 아이가 단지 "지금 혼자 있고 싶으니 나가주세요"라고 말했을 뿐인데, 나는 곧바로 "아이에게 나는 불필요한 존재인가?", "내 존재 자체를 거부하는 건가?"라는 식으로 온갖 해석을 덧붙였다. 그러니 당연히 마음은 무겁고 갈등은 깊어질 수밖에 없었다.

그러나 상황을 액면 그대로 받아들이고, 거기에 내 해석을 덧붙이지 않는 연습을 하면서 마음이 한결 편안해졌다. 아이의 말은 그저 '혼자 있고 싶다'는 사실일 뿐, 나를 향한 부정적인 메시지가 아니었다. 이 단순한 분리가 가능해지자 불필요한 갈등이 사라지고, 아이와의 관계도 훨씬 부드럽게 흘러가기 시작했다.

이런 연습이 쌓이면 항상 옳은 말을 부드럽게 전할 수 있다. 거절도 자연스럽게 할 수 있고, 부탁도 과장 없이 전달할 수 있다. 단순하고 명료한 커뮤니케이션이 가능해지면서 인간관계도 가볍고 진정성 있게 유지된다. 결국 내면을 정리하는 습관은 삶 전체를 단순하고 효율적으로 만들어주는 강력한 기반이 된다.

**매일 새롭게
하루를 창조하는 힘**

우리는 종종 과거에 연연하며 살아간다. 어제 있었던 일이 오늘의 감정을 결정하고, 과거의 경험이 미래를 제한한다. 하지만 매일 내면을 정리하는 습관을 들이면, 과거를 과거로 돌려놓고 매일 새롭게 하루를 창조할 수 있다.

나는 매일 밤 죽음 명상을 하며 하루를 마무리한다. 오늘이 내 마지막 날이라고 생각하며, 모든 것을 놓아보는 연습을 하는 것이다. 내가 가진 것들, 이루고 싶은 목표, 심지어 사랑하는 사람들까지도 내려놓아본다. 그렇게 놓아보면, 집착이 사라지고 지금 이 순간의 소중함이 더 또렷하게 다가온다. 이렇게 모든 것을 비우고 나면, 다음 날 아침이 얼마나 새로운 기회인지, 내가 가진 것들이 얼마나 감사한지를 더욱 깊이 체감하게 된다.

아침이 시작되는 방식이 하루의 흐름을 결정한다. 정신없이 휴대폰을 확인하며 일어나는 것과 여유롭게 자신을 돌아보며 하루를 시작하는 것은 완전히 다른 결과를 만든다. 나는 아침이 되면, 침대에 누운 채로 명상을 하며 존재 창조를 한다. 오늘 하루를 어떻게 살고 싶은지, 어떤 감정을 느끼고 싶은지를 먼저 마음속에서 경험해본다.

중요한 회의가 있는 날에는 그 회의에서 차분하게 이야기하고, 원하는 메시지를 명확하게 전달하는 나를 상상한다. 아이들과 더 깊이 교감하고 싶다면, 아침 식사 시간에 웃으며 대화를 나누는 장면을 미리 그려본다. 이렇게 하면 현실 속에서 그 장면이 자연스럽게 재현된다. 삶이 바쁠수록 우리는 흔히 삶에 끌려가게 되지만, 아침 명상을 통해 하루를 '설계'하면, 삶을 끌고 갈 수 있는 힘이 생긴다.

내면을 정리하면, 우리는 과거에 묶이지 않고, 스스로 미래를 창조할 수 있는 존재가 된다. 과거의 실수나 후회가 오늘을 방해하지 않으며, 어제와 다른 방식으로 하루를 살아볼 용기가 생긴다.

**정돈된 내면이 인간관계와
성공을 결정한다**

내면을 정리하는 습관이 쌓이면, 자연스럽게 인간관계와 삶의 방향이 달라진다. 감정이 정리되지 않은 사람은 타인의 말과 행동에 쉽게 반응하며 불필요한 갈등을 만들어낸다. 반면 내면이 정리된 사람은 감정적으로 휘둘리지 않고, 타인의 말을 객관적으로 받아들일 수 있다.

나는 변호사로서 많은 협상에 참여한다. 때때로 상대방 변호사가 의도적으로 압박을 가하려는 전략을 쓰기도 한다. 과거의 나는 이런 상황에서 위축되거나 방어적으로 대응하곤 했다. 하지만 연습을 통해 나는 이제 상대의 말에 감정적으로 반응하는 대신 이야기를 덧붙이지 않는 분별을 갖게 되었다.

예를 들어, 과거에는 상대가 거친 어조로 말하면, 나도 모르게 '저 사람이 나를 무시하는 걸까?' '내가 약해 보였나?' 하는 생각이 들면서 불필요한 방어기제가 작동했다. 하지만 지금은 그 상황을 다르게 바라본다. 상대방의 공격적인 태도가 '나'와 직접적인 관련이 있는 것이 아니라 그의 전략일 뿐이라는 것을 인지하면, 불필요한 감정 소모 없이 차분하게 대응할 수 있다. 이것은 비단 협상에서뿐만 아니라 인간관계 전반에서 중요한 역할을 한다. 감정적으로 휘둘리는 대신 한 걸음 물러서서 상황을 객관적으로 바라볼 수 있는 힘을 갖게 되는 것이다.

또한 내면이 정리된 사람은 자신이 진정 원하는 것을 더 분명하게 알게 된다. 우리는 종종 사회의 기준에 따라 살아가지만, 정작 무엇이 나에게 가장 중요한지 깊이 들여다보지 않는다. 하지만 매일 내면을 정리하는 습관을 가지면, 내가 원하는 삶의 방향이 더욱 선명해지고 불필요한 선택을 줄일 수 있다.

많은 사람들이 성공을 위해 더 많은 정보를 얻고, 더 많은 노력을 기울인다. 하지만 정작 중요한 것은 불필요한 것들을 덜어내고 내면을 정리하는 것이다. 생각과 감정이 정리되면, 우리는 더 선명한 비전을 가지고 더 효과적으로 움직일 수 있다.

명상을 하면
자기 확신과 용기가 생긴다

　명상이 일상화된 삶을 통해 세 가지 통찰을 얻었다. 첫째, 존재 방식을 바꾸면 노력하지 않아도 모든 것이 달라진다는 것. 둘째, 나는 어떤 상황에서도 그 상황보다 크게 존재할 수 있다는 것. 셋째, 미래는 언제나 해피엔딩이라는 확신. 이 세 가지는 내 삶의 많은 순간에서 나를 흔들리지 않게 붙들어준 내면의 기준점이 되었다.

존재가 다 한다
　내가 어떤 존재로 그 상황에 대처하느냐가 모든 것을 결정한다는 사실을 여러 차례 경험으로 체득했다. 로펌에 다시 들어가기로 결심했을 때 몹시 두려웠다. 혼자 자유롭게 일할 수 있는 자영업을 접고 다시 조직의 일원이 된다는 것은 낯설고 부담스러운 일이었다. 특히 대형 로펌의 파트너가 되는 과정은 만만치 않았다. 여러 차례 진행되는 인터뷰와 케이스 스터디, 비즈니스 전략 발표는 쉽지 않은 과정이었다. '내가 과연 역량이 될까?'라고 스스로 묻곤 했다. 하지만 인터뷰를 앞두고 나는 질문을 바꾸었다.

"나는 이 로펌에 들어가고 싶은 사람인가? 아니면 이 로펌이 필요로 하는 사람인가?"

그리고 나는 그 로펌이 '필요로 하는 사람'으로 존재하기로 선택했다. 그 순간 불안은 사라지고 자신감이 생겼다. 나는 더 이상 '검증받아야 할 사람'이 아니라 내가 가진 경험과 역량의 '가치를 제공할 수 있는 사람'으로 인터뷰 자리에 앉을 수 있었다. 그 에너지는 인터뷰 과정 내내 나의 말과 태도에 자연스럽게 배어 나왔고, 나는 전혀 긴장하지 않았다. 또한 평가받는 사람이 아닌 제안하는 사람으로 존재할 수 있었다. 나의 강점을 어필하고 어떻게 팀을 성장시킬 수 있는지, 어떤 성과를 낼 수 있는지, 가능성을 제시하면서 나 스스로가 그 가능성에 영감 받았다. 면접관들도 그 확신을 느꼈을 것이다. 결과적으로 나는 원하는 조건 이상의 관대한 오퍼를 받았다.

육아에서도 같은 경험을 했다. 오랫동안 내 아이를 보호하고 원하는 것을 다 들어주는 것이 부모의 역할이라고 생각했다. 그러던 어느 날 내가 아이를 강아지처럼 대하면 강아지로 자라지만, 사자로 대하면 사자로 자란다는 깨달음을 얻었다.

그날부터 아이를 '큰 존재'로 바라보기 시작했다. 아이가 어려움에 부딪힐 때마다 바로 도와주는 대신, 사자로서 스스로 해결할 수 있도록 기다려주고 지켜보았다. 그리고 나 자신도 그 아이를 키우는 어미 사자의 존재가 되어 아이가 스스로 일어날 때까지 포기하지 않고 지켜주기로 했다. 내가 먼저 강해지지 않으면, 아이도 강해질 수 없다는 사실을 깨달았기 때문이다. 그 결과 아이는 스스로 더 단단해졌고, 나 역시 부모로서 더욱 강인한 존재가 되었다. 결국 세상은 내가 어떤 존재로 서느냐에 따라 완전히 다르게 반응한다. 내 작은 에고가 아니라 존재가 모든 것을 한다는 것, 그것이 명상을 통해 내가 얻은 깊은 확신이었다.

나는 지속적으로 상황보다 큰 존재이기를 선택한다

나에게 용기를 주는 또 하나의 존재 방식은 "나는 항상 상황보다 큰 존재이며 상황을 주도한다"는 것이다.

삶에는 늘 예기치 못한 상황이 찾아온다. 일이 풀리지 않을 때, 관계에서 어려움을 겪을 때, 환경이 불리할 때 우리는 쉽게 그 상황에 갇혀버린다. 하지만 내가 상황보다 큰 존재로 서기로 선택하면, 그 순간부터 판이 바뀐다. 현실은 그대로인데, 갑

자기 모든 것이 통제 가능해지니 내가 상황을 주도하는 게 가능해진다.

협상을 할 때마다 나는 이 태도를 적용했다. 변호사로서 협상 테이블에 앉으면, 상대방 변호사가 의도적으로 위압적인 태도를 보이거나, 강한 어조로 나를 밀어붙이는 경우가 많다. 오랜 시간 동안의 연습으로 나는 더 이상 그들의 태도에 반응하는 사람이 아니라 내가 원하는 흐름을 만들어가는 사람이 되었다.

상대가 목소리를 높이면, 나는 더 낮은 목소리로 말한다. 상대가 강하게 밀어붙일수록, 나는 차분한 논리로 중심을 잡는다. 그리고 결정적 순간, 단 한 마디로 협상의 흐름을 바꾼다. 나는 상대방의 감정이 아니라 본질에 집중하고 있기에, 상대도 더 이상 나를 흔들 수 없음을 느끼게 된다.

협상 자리에 앉기 전에 하는 루틴이 있다. 우선 짧은 명상을 통해 상대방과 내가 이미 연결되어 있음을 느낀다. 때로는 협상 전 상대방의 웹사이트 프로필 사진을 미리 보며 그와 연결되는 감각을 갖는 것도 도움이 된다. 그렇게 준비하면 협상은 단순한 힘겨루기가 아니라 각자 고객을 위해 최선의 결과를 만들고자 하는 공동의 목적을 향한 과정이라는 사실이 분명해진다.

협상이 난관에 봉착할 때도 그 연결의식을 떠올리며 진심으로 그의 입장에 서서 이야기를 들어본다. 그러면 줄 수 있는 것은 기꺼이 주고, 반드시 지켜야 하는 것은 분명히 지키면서도,

결국 쌍방 모두에게 유리한 결과를 이끌어내는 본질에 집중할 수 있다. 이렇게 나는 상황에 끌려다니는 사람이 아니라 협상의 흐름을 주도하는 사람이 되는 것을 끊임없이 선택한다.

사람들은 종종 힘든 시기를 '버텨야 한다'라고 말하지만, 사실 그 시기는 나를 단단하게 만드는 과정일 뿐이다. 버틸 필요 없이 우리는 언제든 상황보다 더 크게 존재할 수 있다. 그리고 그 선택은 지금 이 순간 내 안에서 이루어진다.

미래는 항상 해피엔딩이다

오랜 명상에서 얻은 통찰로 나는 '미래는 항상 해피엔딩'이라는 깊은 확신을 얻었다. 그 확신 하에서는 마치 영화의 클라이맥스를 견뎌야 결말에 도달할 수 있듯이, 인생의 굴곡 또한 성장의 과정일 뿐이다. 모든 것은 결국 나에게 최선의 방향으로 흘러가게 되어 있기 때문이다.

우리는 종종 미래를 두려워한다.

'나쁜 일이 일어나면 어쩌지?'

'실패하면 어떻게 하지?'

'지금보다 더 힘든 상황이 오면 어떡하지?'

그런데 이 두려움의 근원을 들여다보면, 흥미로운 사실을 발견할 수 있다. 우리는 사실 미래를 두려워하는 것이 아니라 과거가 반복될 것을 두려워하는 것뿐이다. 어릴 적 시험을 망치면 다음에도 또 망칠까봐 불안했고, 인간관계에서 상처를 받으면 다음에도 같은 일이 벌어질까봐 두려웠다. 이렇게 우리는 과거에 생긴 일들 때문에 미래는 어떠할 거라는 생각을 가지고 산다.

나는 명상을 통해 이런 사고의 고리를 끊는 연습을 해왔다. 그 방법은 과거를 '박물관'으로 돌려보내는 것이다. 박물관은 과거의 유산을 보관하는 곳이다. 우리는 거기에 가서 그것을 보고, 배우고, 감탄할 수 있지만 거기서 살지는 않는다. 마찬가지로 과거는 참고하는 것이지 우리가 계속 머물러야 하는 공간이 아니다.

이런 인식을 통해 나는 미래를 과거의 연장선이 아니라 내가 새롭게 창조할 백지로 바라볼 수 있게 되었다. 그 백지의 미래에는 내가 원하는 것들만 채워 넣을 수 있는 것이다. 이 과정에서 나는 간다 마사노리가 그의 저서 《비상식적 성공 법칙》에 소개한 백캐스팅(backcasting) 사고법을 활용했다. 먼저 내가 바라는 미래의 모습을 그린 후 그 미래에서 지금으로 거슬러 올라와 오늘 내가 해야 할 행동을 결정하는 방식이다. 나는 명상 속에서 미래의 나, 즉 퓨처 셀프(future self)와 대화한다.

"그때의 나는 어떤 삶을 살고 있을까?"

"그 미래의 나는 오늘의 나에게 어떤 메시지를 줄까?"

이렇게 미래의 나에게 방향을 물으면, 지금 내가 해야 할 일이 더 분명해진다. 그리고 그 메시지를 따라 오늘을 살아가면, 그 미래는 더 이상 불확실한 가능성이 아니라 실현 가능한 선택지가 된다. 결국 우리는 원하는 미래를 선택할 수 있다. 그렇다면 왜 해피엔딩을 선택하지 않겠는가?

온전한 나로 살아가는 법

온전함(integity)은 라틴어 'integer'에서 유래하여 '완전한' 또는 '전체적인' 상태를 의미한다. 온전함이란 단순히 도덕적 완전성을 의미하는 것이 아니라, 자신의 말과 행동, 그리고 내면의 가치가 일치하는, 겉과 속이 다르지 않은 상태를 말한다. 이는 자신과의 약속을 지키고, 타인과의 관계에서 신뢰를 구축하며, 삶의 모든 측면에서 진정성을 유지하는 것을 포함한다. 즉, 자신의 신념과 행동이 일치하며, 이러한 일관성이 삶의 모든 영역에서 드러나는 것을 의미한다. 온전함이 결여되면 신뢰가 무너지고, 개인의 삶의 질과 인간관계뿐만 아니라 공동체의 안정성에도 부정적인 영향을 미친다.

온전함을 실천하는 방법

온전한 나로 살아가는 첫걸음은 자신과의 약속을 지키는 것이다. 작은 약속이라도 지키려는 노력이 쌓여 자신에 대한 신뢰를 형성한다. 예를 들어, 매일 아침 30분 운동하기, 하루에 물 2리터 마시기, 하루 한 문장 감사일기 쓰기와 같은 작은 실천을 지켜가는 과정에서 자기 자신에 대한 신뢰가 쌓인다.

더불어 타인과의 관계에서 온전함은 신뢰의 기반이 된다. 약속을 지키고, 정직하게 소통하며, 책임을 다하는 태도는 주변 사람들과의 깊은 유대를 형성한다. 예를 들어, 업무에서 맡은 바를 성실히 수행하고, 문제 발생 시 솔직하게 인정하며 해결책을 모색하는 자세는 동료들의 신뢰를 얻는다.

또한 어떠한 상황에서도 자신의 가치관을 지키는 것은 온전함의 핵심이다. 외부의 유혹이나 압력에 흔들리지 않고, 자신의 원칙을 고수하는 태도는 진정한 온전함을 나타낸다. 예를 들어, 부당한 이익을 제안받았을 때 이를 거절하고 정당한 길을 선택하는 것은 자신의 가치관을 지키는 행동이다.

나는 변호사로서 윤리적 기준을 유지하며 법률 자문을 제공하는 것이 중요하다고 믿었다. 그리고 그 가치를 실천할 수 있는 환경을 찾던 중 B-Corp(Benefit Corporation: 공익 기업) 인증을 받은 로펌에 합류하게 되었다. B-Corp 인증은 단순한 이윤 창출이 아닌 지속 가능성, 사회적 가치, 윤리적 기준을 경영의 중심에 두는 기업에게 부여된다. 즉, 이윤만을 고려하는 것이 아니라 환경, 사회, 거버넌스(ESG) 등의 요소를 아우르는 윤리적 기업 운영을 원칙으로 한다. 특히 법률 업계에서 B-Corp 인증을 받은 로펌은 드물지만, 내가 합류한 이곳은 그 가치를 실제 경영과 실무 전반에 실현하고 있었다.

이익 창출의 한가운데 위치한 대형 상업 로펌이 B-Corp의 가치관을 지키는 것이 결코 쉬운 일은 아니다. 고객의 요구와 윤리적 기준 사이에서 균형을 잡아야 하고, 때로는 금전적으로 더 유리한 선택을 거절해야 하는 경우도 있다. 이러한 선택을 하면서 단기적으로는 손실을 보기도 하고 현실적인 고민도 하게 된다. 하지만 장기적으로는 내 가치를 타협하지 않고도 지속 가능하게 성장할 수 있으며, 오히려 같은 가치를 지닌 고객과 동료들이 모여 더 건강한 네트워크를 형성할 수 있다는 것을 알게 된다.

온전함이란 단순히 원칙을 선언하는 것이 아니라 그것을 실제 삶과 일에서 적용하고 실천하는 과정이다. B-Corp 로펌에서 일하면서 윤리적 법률 서비스를 제공하면서도 매년 매출이 20% 이상 증가하는 것이 가능하다는 것을 몸소 경험했고, 이는 내가 선택한 길이 옳다는 확신을 주었다. 이처럼 자신의 가치관을 지키는 것은 단순한 도덕적 결단이 아니다. 장기적으로 더욱 지속 가능하고 의미 있는 삶을 만들어 가는 과정이다.

또한 온전함을 실천하는 삶은 개인의 내적 평화와 만족을 가져온다. 자신의 말과 행동이 일치할 때 내면의 갈등이 줄어들고 자존감이 향상된다. 나는 일상에서 더 이상 숨기거나 거짓을 말하지 않기 때문에 삶이 단순해지고 가벼워지는 경험을 한다. 이렇듯 온전함은 삶의 기반이며 그 기반이 흔들리면 존재와 행동은 방향을 잃게 된다.

타인은 나를 비추는 거울이다

온전한 나로 살아가기 위해서는 타인과의 관계 속에서 나를 돌아보는 연습이 필요하다. 우리는 혼자 살아가는 존재가 아니다. 인간관계 속에서 내 감정이 반응하는 방식을 보면, 나의 내면이 어떤 상태인지 알 수 있다. 예를 들어, 누군가가 나를 무시하는 듯한 말을 할 때 내가 과하게 상처받거나 화가 난다면, 그 안에는 '나는 충분하지 않다'는 무의식적 신념이 자리 잡고 있을 가능성이 크다.

반대로 누군가의 성공을 보면서 진심으로 기뻐하지 못하고 질투심이 든다면, 그것은 나 스스로를 부족하다고 느끼고 있다는 증거다. 예를 들어, 누군가가 나와 한 약속을 자꾸 미루거나 마지막에 취소할 때가 있다. 그 순간 단순히 '스케줄이 바빴구나'라고 넘어가지 못하고, 마음속 깊은 곳에서 "나는 그만큼 중요하지 않은 사람인가 보다"라는 생각이 올라온다. 그리고 그 생각은 곧 서운함과 분노로 이어진다.

여기서 중요한 건 '상대가 왜 약속을 취소했는가'가 아니라 내가 왜 그 상황에서 그렇게 크게 상처받는가이다. 그 감정 속에는 사실 "나는 존중받을 만한 가치가 없다"는 내면의 오래된 믿음이 숨어 있다. 그래서 누군가의 행동이 그 믿음을 건드릴 때 실제 상황보다 더 과하게 반응하게 되는 것이다.

결국 이 경험은 타인이 나를 함부로 대한다는 문제보다 내가 나 자신을 충분히 존중하지 못한다는 사실을 비춰주는 거울이 된다. 만약 내가 스스로를 충분히 소중히 여기고 있다면, 약속이 취소되었을 때 서운할 수는 있어도 '나의 가치와 연결된 문제'로 확대하지는 않을 것이다.

이처럼 타인은 나의 내면을 비춰주는 거울이다. 누군가와 갈등이 생길 때 '왜 저 사람은 저렇게 행동할까?'라고 묻기 전에 '나는 왜 이런 감정을 느낄까?'라고 스스로에게 질문해야 한다. 내 감정을 이해하는 순간 상대와의 갈등도 자연스럽게 해소된다. 또한 우리가 만나는 사람들은 대부분 나의 내면 상태에 맞춰서 등장한다. 내가 나를 존중하지 않으면 나를 존중하지 않는 사람들이 나타나고, 내가 나를 사랑하면 나를 진정으로 아껴주는 사람들이 다가온다. 결국 관계의 핵심은 상대가 아니라 나 자신이다.

내 삶에 리더십을 발휘하기

온전한 삶이란 단순히 나를 찾고 내면을 돌보는 것에서 끝나지 않는다. 내 삶에 리더십을 발휘하는 것이야말로 온전한 존재로 살아가는 핵심이다. 여기서 리더십이란 남을 지배하는 것이 아니다. 자기 자신을 다스리고 자신의 삶을 주도하는 힘을 의미한다.

많은 사람들이 '나는 리더가 아니야'라고 생각하지만, 사실 모든 사람은 자기 삶의 리더다. 우리는 매일 어떠한 선택을 하며, 그 선택이 우리의 삶을 만들어간다. 온전한 사람은 늘 '지금 이 상황에서 내가 선택할 수 있는 가장 좋은 것은 무엇인가?'를 고민하며, 두려움의 생존 모드에서 가능성의 창조 모드로 삶의 축을 이동시킨다.

예를 들어, 나는 협상 테이블에서 상대 변호사가 위압적인 태도를 보일 때 '이 사람이 나를 압박하려고 한다'라는 해석을 내려놓고, '이 협상에서 내가 원하는 것은 무엇인가?'에 집중한다. 그렇게 중심을 회복하면, 자연스럽게 상대방의 태도에 반응하는 것이 아니라 협상의 흐름을 내가 주도할 수 있다. 그 순간 호흡이 가라앉고 시야가 넓어지면서, 목소리를 더 낮추고 논리를 단단히 세워 대화의 흐름을 주도할 수 있게 된다. 결국 상황은 바뀌지 않았지만, 내가 중심을 잡음으로써 협상의 판 전체가 달라진다.

이 태도는 협상 테이블에서만 필요한 것이 아니다. 늘 데드라인에 쫓기며 바쁘게 돌아가는 일상 속에서도 적용된다. 쉴 틈 없는 회의와 이메일, 고객 요청이 이어질 때, 나는 그것을 '나를 소모하는 혼란'으로만 바라보지 않는다. 오히려 업무의 파도 속에서 '나를 잃지 않는 연습의 기회'로 삼는다. 예컨대 복잡하고 어려운 인수·합병(M&A) 건이 들어올 때마다 스트레스에 짓눌리기보다, "한 달에 몇 건의 협상을 소화하면서 나는 얼마나 성장했는가?" "내 고객에게 어떤 가치를 창출했는가?"라는 질문에 집중한다. 그러면 바쁨 자체가 휘몰아치는 소용돌이가 아니라 나를 단련시키는 훈련장이 된다.

삶에서 마주하는 모든 순간은 나를 흔들기 위한 것이 아니라 내가 중심을 지키는 연습의 기회다. 어떤 상황에서도 주체적으로 사고하고, 내 가치에 기반한 선택을 하며 앞으로 나아갈 수 있다면, 그 사람은 이미 자기 삶의 리더로 서 있는 것이다. 그리고 나를 내 삶의 리더로 세우는 순간, 삶은 더 이상 환경에 의해 결정되지 않고 내가 원하는 방향으로 흘러가기 시작한다.

자아 탐색을 돕는
명상의 실전 방법

명상은 단순한 휴식이 아니다. 자기 자신을 깊이 들여다보고, 내면의 소리에 귀 기울이며 온전한 나로 존재하는 연습이다. 내가 자아 탐색을 위해 실천해온 명상법은 세 가지로 요약할 수 있다. 첫째, 명상을 통해 내면을 관찰하고, 둘째, 감정을 조절하는 힘을 기르며, 셋째, 나눔을 통한 자아 확장이다.

첫째, 내면을 관찰하는 법
생각과 감정을 바라보는 연습

현대 사회는 빠르게 변하고, 우리는 끊임없이 해야 할 일에 쫓긴다. 이렇게 많은 사람들이 자기 자신을 들여다볼 시간을 갖지 못한 채 살아가는 현실 속에서 자아 탐색을 위한 첫 번째 단계는 내면을 있는 그대로 관찰하는 것이다.

내면을 관찰하는 가장 효과적인 방법 중 하나는 생각과 감정을 바라보는 연습을 하는 것이다. 우리는 흔히 자신의 감정과 생각을 '나'라고 착각하지만, 사실 그것들은 끊임없이 흘러가는 것일 뿐이라는 것을 알면 삶이 평온해진다. 매일 5분이라도 편안한 자세로 눈을 감고 떠오르는 생각과 감정을 억누르거나 판단하지 말고 단순히 바라보는 연습을 해보자. 마치 흐르는 강물을 바라보듯, 또는 하늘에 떠가는 구름을 보듯, 어항 속의 물고기를 보듯, 감정과 생각이 흘러가는 것을 관찰하는 것이다.

처음에는 나도 명상을 할 때마다 이 생각에서 저 생각으로 끊임없이 빠져들다가 허탈하게 눈을 뜨곤 했었다. 그럴 때마다 의식을 호흡으로 돌리거나 미간 사이 안쪽 5센티미터 지점에 두면 도움이 된다.

내가 사용하는 또 다른 방법은 생각과 감정이 올라올 때마다 그 감정을 이름으로 불러주는 것이다. 예를 들어, '아, 불안이 왔구나. 또 서운함이 올라오네.' 이렇게 감정을 언어화하는 순간 감정과 나 사이에 자연스러운 거리가 생긴다. 그 감정이 내 몸 어디에서 느껴지는지 집중해본다. 가슴이 답답한가? 배가 조여 오는가? 그 감정이 어떤 온도, 색깔, 모양을 가지고 있는지를 느껴보는 것이다. 중요한 것은 판단하거나 억누르지 않는 것이다. 김상운 작가는 그의 저서 《왓칭》에서 '감정은 억누르거나 외면하면 더 커지지만, 그것을 바라보고 느껴주면 자연스럽게 사라진다'고 말한다.

이 연습을 반복하다 보면, 조깅을 할 때도 의식을 광활한 내면에 머무르게 하면서 모든 생각, 감정, 몸의 감각을 느낄 수 있게 된다. 이 연습을 통해 우리는 외부 환경이나 감정에 휘둘리지 않고, 내면의 목소리, 즉 직관에 더 깊이 연결될 수 있다.

**둘째, 감정을 조절하고 새로운 창조를 위한 에너지로 전환하는 힘_
감정의 연금술사**

명상을 하다 보면 자연스럽게 감정을 조절하는 힘이 길러진다. 예전에는 감정이 올라오면 생각할 틈도 없이 몸이 즉각적으로 반응하곤 했다. 감정이나 생각이 나와 동일시되는 것이다. 누군가 나를 화나게 하면 바로 화를 내고, 두려운 일이 생기면 즉시 위축되곤 했다. 특히 아이들이 어릴 때는 바쁜 업무를 마치고 지친 상태에서 육아를 해야 했고, 때때로 분명 화를 낼 상황이 아님을 알면서도 아이들에게 화를 내고 후회하곤 했다. 나의 어디에 있었는지도 모르던 화가 순간적으로 올라와 대처할 틈도 없이 나를 통치해 버렸고, 그런 내 모습에 자괴감이 들기도 했었다.

그러나 명상을 통해 나는 감정과 반응 사이에 틈을 만드는 법을 익혔다. 예를 들어, 누군가가 내 의견을 무시하거나 내 노력을 인정해 주지 않으면 예전에는 즉각적으로 서운함과 분노가 올라왔다면, 이제는 그런 감정을 느낄 때마다 '아, 또 인정받고 싶어 하는 내 마음이 올라오는구나'라고 알아차린다. 그 알아차림이 바로 행동의 전환점을 만든다. 감정을 바라볼 수 있으면, 다른 감정을 선택할 수 있다. 따라서 더 성숙한 행동을 선택할 수 있게 된다. 이 틈을 만드는 연습을 위해 나는 감정이 올라올 때 다음과 같은 단계를 따른다.

1. 감정을 인식하기

감정이 올라오는 순간, '아, 지금 화가 나는구나', '두려움이 올라오네'라고 감정의 이름을 불러준다.

2. 감정을 신체적으로 느끼기

그 감정이 내 몸 어디에서 느껴지는지 집중한다. 가슴이 답답한가? 목이 막힌 것 같은가? 손이 차가워지는가?

3. 감정을 객관적으로 바라보기

이 감정을 하나의 에너지로 바라보며 그것이 올라왔다가 사라지는 과정을 지켜본다. 마치 영화의 한 장면을 보듯 감정을 관찰하면, 그것이 나를 지배하는 것이 아니라 흘러가는 것임을 깨닫게 된다. 혹은 감정의 색, 모양, 느낌 등을 가시화해서 몸에서 떼어내어 손에 올려놓고 바라보는 것도 효과적이다.

이 방식은 특히 육아에서 큰 도움이 되었다. 아이가 사춘기를 겪으며 감정적으로 행동할 때, 나는 예전처럼 즉각 반응하는 대신 감정을 바라보고 호흡을 정리한다. 이 '한 걸음 물러섬'이 감정에 지배당하지 않는 힘을 키워주고, 보다 현명한 대응을 가능하게 해준다. 이 능력은 인간관계뿐 아니라 중요한 의사결정과 자기표현에도 근본적인 변화를 만들어준다. 감정이 나를 통치하지 않고, 내가 감정을 다스릴 수 있게 되는 것이다.

4. 감정의 연금술사 되기

여기서 한 걸음 더 나아가면, 감정을 단순히 조절하는 수준을 넘어 새로운 창조의 에너지로 전환하는 힘을 기를 수 있다. 나는 이것을 '연금술사의 능력'이라고 부른다. 예를 들어, 중요한 발표나 협상을 앞두고 긴장과 두려움이 몰려올 때, 예전 같으면 그 감정에 휘둘려 실력을 발휘하지 못했을 것이다. 하지만 이제는 빠른 명상을 통해 그 두려움의 에너지를 "내가 준비해온 것을 최대로 발휘하라는 신호"로 바꾼다. 심장이 빨리 뛰는 것을 '불안'이 아니라 '집중력과 에너지가 모이는 과정'으로 재해석하는 것이다. 그러면 같은 감정이지만, 나를 움츠러들게 하는 힘이 아니라 나를 무대 위에서 빛나게 하는 추진력이 된다.

또 다른 예로, 분노의 감정이 올라올 때 그것을 억누르거나 터뜨리는 대신, 창의적인 글쓰기로 전환한 적도 있다. 억눌린 분노를 종이에 쏟아내는 순간, 감정은 단순히 사라지는 것이 아니라 새로운 메시지와 통찰로 바뀌었다. 바로 이것이 감정을 '소비'가 아닌 '창조'로 전환하는 순간이었다.

이런 연습은 감정의 노예가 아니라 감정의 연금술사가 되게 한다. 감정은 단순히 흘려보내는 것이 아니라, 바라봄을 통해 더 높은 차원의 에너지로 변환될 수 있다. 그때 감정은 더 이상 나를 휘두르는 장애물이 아니라, 나를 성장과 창조로 이끄는 원동력이 된다.

셋째, 나눔을 통해 더 깊은 자아를 발견하기

흔히 자아 탐색이라고 하면, 혼자서 깊은 내면에 침잠하는 것만을 떠올리기 쉽다. 하지만 진정한 자아 탐색은 타인과의 연결 속에서 더 깊어진다. 명상을 하면서 나는 내가 세상과 어떻게 연결되어 있는가를 깊이 이해하게 되었다. 인간은 결코 혼자 존재할 수 없기 때문에 진정한 자아 탐색은 나와 타인의 연결 속에서 더욱 깊어질 수 있는 것이다.

나 역시 한때 나와 내 가족, 내 커리어만을 바라보며 살았다. 하지만 이제 내 경험과 깨달음을 나눌 때 더 큰 성장과 행복을 느낀다는 것을 경험하고 있다. 지인들에게 명상을 가르치거나 후배 변호사들에게 진심 어린 조언을 건네고, 매일 아이들에게 보내는 '오늘의 엄마 생각' 메시지를 다른 엄마들과도 나눌 때,

그들의 반응을 통해 나는 더 깊은 자아를 발견하게 되었다.

내가 누군가에게 도움을 줄 수 있다는 사실 자체가 나의 존재 가치를 확인하는 과정이 되었고 아이러니하게도 나를 더 사랑하게 되는 계기가 되었다. 이것은 심리학적으로도 설명이 가능하다. 연구에 따르면, 타인을 돕는 행동이 오히려 자기 자신에게 더 큰 만족과 의미를 가져다준다고 한다. 단순히 물질적인 기부가 아니라, 경험을 나누고, 배운 것을 공유하고, 누군가의 성장을 돕는 것은 분명 설명할 수 없는 행복감을 주고 우리를 더 풍요롭게 만든다.

이는 에너지 순환의 법칙에서 왜 나눔이 중요한지를 잘 보여준다. 우리가 명상을 통해 얻는 평온과 깨달음, 그리고 감사의 감정은 일종의 에너지다. 이 에너지는 안에만 머물러 있으면 정체되지만, 타인과 나눌 때 비로소 다시 흐르기 시작한다. 숨을 들이마신 뒤 반드시 내쉬어야 하듯, 받은 에너지를 흘려보내야 내 안에 새로운 에너지가 들어올 자리가 생긴다.

나는 내면을 바라보고(관찰), 감정을 다스리고(조절), 그 과정에서 얻은 통찰과 힘을 나눌 때(확장) 내 에너지가 완전히 순환한다는 것을 안다. 이렇게 에너지가 순환될 때, 나 또한 고갈되지 않고 오히려 더 풍요로워진다. 그렇기 때문에 나눔은 내가 가진 것을 잃는 행위가 아니라, 더 큰 흐름 속에 연결되어 새로운 에너지를 받아들이는 관문이다.

매일 몇 분이라도 명상으로 내면을 들여다보고, 감정을 조절하며, 나눔을 실천하는 습관을 들인다면, 우리는 점점 더 깊고 넓은 존재로 성장할 수 있다. 그리고 그 변화는 결국 삶을 더욱 자유롭고 의미 있게 만들어줄 것이다.

3

삶을 바꾸는 명상의 힘

명상으로
삶을 새롭게 창조하는 과정

　삶은 반복되는 습관과 무의식적 선택으로 이루어진다. 우리는 매일 비슷한 방식으로 사고하고, 익숙한 감정을 반복하며, 비슷한 행동 패턴 속에서 살아간다. 하지만 이런 일상이 지속되다 보면 마치 정해진 궤도 위를 도는 장난감 기차처럼 삶이 제한된 틀 안에서만 움직이게 된다.
　나는 한동안 깊은 명상 속에서 많은 것을 깨달았음에도 불구하고 현실은 내가 원하는 대로 나타나지 않는 괴리를 경험했다. 그래서 점점 현실보다 명상 속이 더 편하고 안전하게 느껴졌고, 이대로 머무는 것이 현실 도피가 아닐까 하는 의문을 가지기도 했다. 이 장에서는 내가 어떻게 의식적으로 사고의 방향을 전환하고, 굳어진 패턴에서 벗어나 새로운 가능성의 삶을 창조하게 되었는지 그 여정을 나누고자 한다.

무의식의 전환

우리의 삶을 결정짓는 가장 강력한 요소는 무의식이다. 무의식은 우리가 인식하지 못하는 깊은 내면의 신념, 감정, 습관, 반복적인 사고 패턴을 포함한다. 정신분석학자 프로이드(Sigmund Freud)는 인간의 마음을 빙산에 비유하며, 우리가 의식적으로 인식하는 부분은 빙산의 일각에 불과하며 나머지 90퍼센트는 무의식 속에 자리하고 있다고 설명했다.

무의식은 어떻게 형성될까? 인간의 뇌는 같은 생각을 반복하면 그 생각이 뇌 속에서 하나의 고속도로처럼 자리잡게 된다. 만약 부정적인 사고를 반복하면 뇌는 자동으로 부정적인 해석을 내리고, 반대로 긍정적인 사고를 훈련하면 뇌는 점점 긍정적인 패턴을 강화하게 되어 이것이 무의식이 된다.

무의식은 과거의 경험, 어린 시절의 환경, 문화적 배경, 사회적 영향 등을 통해 점진적으로 쌓인다. 예를 들어, 어릴 때 부모님이 "돈 버는 건 힘든 일이야"라고 반복해서 말했다면, 성인이 된 후에도 무의식적으로 돈을 쉽게 버는 것은 불가능하다고 믿을 가능성이 크다. 어릴 때 반복적으로 칭찬받으며 자란 사람은 자신감이 강하지만, 계속해서 비판을 받은 사람은 자신을 의심하는 무의식적인 패턴을 갖게 된다. 하지만 희망적인 사실은 무의식은 고정된 것이 아니라 훈련을 통해 변화시킬 수 있는 영역이라는 것이다.

무의식을 변화시키는 4단계

무의식의 패턴을 바꾸기 위해서는 우선 우리가 현재 어떤 사고 패턴과 감정적 반응을 가지고 있는지를 알아차려야 한다.

첫 번째 단계는 자각(awareness) 훈련하기다

우리가 의식적으로 인식하지 못하는 무의식을 바꾸려면, 우선 그것을 인지의 영역으로 가져와야 한다. 명상을 통해 자신의 생각과 감정을 관찰하는 연습을 하면, 평소 무심코 하는 생각들이나 반복되는 감정 패턴을 깨닫고 관찰할 수 있다. 부정적인 감정들은 알아봐 달라고 떼쓰는 아이와 같아서, 평가하지 말고 바라보면 곧 사라진다. 또 올라오면 바라보고 내려놓고, 또 바라보고 내려놓고를 반복하면, 어느 순간 그 감정이 더 이상 나를 지배하지 않게 된다.

두 번째 단계는 반복적인 신념을 점검하기다

우리가 살아가면서 스스로에게 자주 하는 말, 머릿속에서 자동으로 떠오르는 생각들을 점검해보자. '나는 안 될 거야.' '이건 너무 어려워.' '나는 늘 부족해.' 이런 생각들이 무의식적으로 반복된다면, 그것이 현실이 되어버린다. 단순히 부정적인 생각을 거부하고 긍정적인 말을 되뇌는 것만으로는 무의식이 쉽게 변하지 않는다. 더 현실적인 방법은 새로운 경험을 통해 신념을 바꾸는 것이다. 이를 위해 다음과 같은 훈련을 할 수 있다.

1. 작은 성공 경험을 의도적으로 만든다.

예를 들어, 내가 영국에서 MBA과정을 시작했을 때 '나는 사람들 앞에서 말하는 게 두려워'라는 신념이 있었다. 이를 극복하기 위해 수업 중 하루에 한 번씩 손들고 질문을 하거나 짧은 의견이라도 발표하는 연습을 했다.

2. 신념을 바꿀 수 있는 물리적 환경을 조성한다.

예를 들어, 나는 건강한 사람이 아니라고 생각한다면, 건강한 음식을 먹고 규칙적으로 운동하는 환경을 스스로 만들면서 신념을 자연스럽게 바꾼다.

3. 감사하는 습관은 신념을 긍정적으로 재프로그래밍한다.

지금 현재 가지고 있는 것들에 주목하고, 나는 충분한 것을 가지고 있다는 감각을 키우면 무의식이 변화되기 시작한다.

세 번째 단계는 새로운 행동 패턴 만들기다

무의식은 오랜 시간 형성된 것이기 때문에 단순히 생각만 바꾼다고 변화되지 않는다. 새로운 신념을 만들기 위해서는 새로운 행동을 반복적으로 실행해야 한다. 예를 들어, 스스로를 부족하다고 느끼는 사람이 있다면, 그 믿음을 깨기 위해 매일 작은 성공을 경험할 수 있는 행동을 해야 한다. '나는 능력이 있어'라고 되뇌이기만 하는 것이 아니라 실제로 할 수 있는 일들을 하나씩 실천하며 자기 신뢰를 쌓는 것이 중요하다.

네 번째 단계는 감정과 신체 반응 활용하기다

감정과 무의식은 깊이 연결되어 있다. 우리가 어떤 경험을 할 때 그것이 강한 감정과 연결되면 무의식 속에 더 깊이 각인된다. 그렇기 때문에 긍정적인 경험을 의식적으로 더 강하게 느끼는 연습이 필요하다. 감동적인 순간, 감사한 순간, 기쁜 순간을 일부러 더 크게 느끼고 몸으로 표현하는 것이 무의식을 재프로그래밍하는 데 도움이 된다. 무의식은 보이지 않지만 우리의 삶을 조용히 지배하고 있다. 그리고 우리는 그것을 바꿀 힘을 가지고 있다. 자신의 내면을 깊이 들여다보고 무의식적인 사고 패턴을 의식적으로 변화시킬 때 새로운 현실을 창조할 수 있다.

행동하면 답은 현실이다

한동안 '현실 창조'를 화두로 고민해 오면서 얻은 깨달음 중 가장 강력한 것은 행동이 현실을 창조한다는 것이다. 수많은 명상과 이미지 트레이닝을 통해 원하는 미래를 생생하게 그려도 행동을 하지 않으면 모든 것은 그대로지만, 한 걸음이라도 움직이면 현실은 바뀐다. 그래서 나는 명상을 마친 후에는 반드시 작은 행동을 하나라도 하기 시작했다. 그러자 새로운 것을 배우게 되었고, 새로운 사람들과 연결할 길이 열렸고, 생각지 못한 기회들이 생기기 시작했다. 결국 머릿속에서만 구상하는 미래는 허상일 뿐이지만, 행동은 나를 구체적인 현실로 데려오는 다리가 된다. 행동하면 답은 현실이다.

우리는 종종 어떤 결정을 내리기까지 머릿속에서 수십 번을 되새기고 고민한다. 이런 고민이 길어질수록 에너지는 분산되고, 몸은 점점 무거워진다. 결국 행동은 지연되고, 다시 생각의 미로로 빠진다. 행동하지 않는 것, 그것이 진짜 실패다. 고민이 많아질 때마다 머릿속에서 벗어나 행동하라. 한 걸음을 떼는 순간, 우리는 전혀 예기치 못한 세계와 연결된다. 행동은 곧 에너지이고, 에너지는 다음 에너지를 낳는다.

행동이 현실을 변화시키는 이유는 우리가 실질적으로 경험하고 피드백을 받을 수 있기 때문이다. 행동은 즉각적인 에너지를 만들어내기에 한번 움직이면 다음 행동이 따라오고, 우리는 그렇게 흐름을 탈 수 있게 된다. 〈인셉션(Inception)〉이라는 영화에서도 이런 개념이 등장한다. 꿈속에서 깨어나려면 행동을 해야 하고, 행동하지 않으면 그 꿈에서 영원히 벗어나지 못한다. 우리의 현실에서도 변화하고 싶다면, 지금 이 순간부터 작은 행동이라도 시작해야 한다.

하지만 그것이 올바른 결정에서 나온 행동인지 어떻게 알까? 마음은 끊임없이 '해야 할 일'을 떠올리지만, 진짜 삶을 창조하는 힘은 '해야 할 일'이 아니라 '내가 진짜 원하는 일'에서 나온다. 이 차이를 구분하는 열쇠가 직관이다. 내가 정말 원하는 것이 무엇인지, 지금 이 순간 내가 무엇을 해야 하는지에 대한 답은 이미 내 안에 있다. 다만, 그것은 소란스러운 머리의 생각이 아닌, 조용한 내면의 울림으로 들려온다. 명상을 통해 잡념을 걷어내고 그 내면의 소리를 들은 순간 바로 움직이면 된다. 이것이 '직관적 행동'이다.

스티브 잡스의 일화가 이 직관적 행동의 대표적 예이다. 그는 한 전시회에서 고객이 제품에 대해 질문했을 때, 머릿속에서 이미 완성된 제품을 보고 있었다고 한다. 고객이 "이게 6개월 안에 가능할까요?"라고 묻자, 잡스는 "3개월 안에 가능합니다."라고 즉답했다. 그리고 실제로 애플은 3개월 만에 그 제품을 현실로 만들어냈다. 그는 머릿속에서 미래를 먼저 보고, 그 가능성을 믿고 행동한 것이다.

나의 경우는 정반대였다. 나는 오랫동안 내면의 소리를 듣지 않고 외부의 소리에만 귀를 기울여왔다. 그 결과 중요한 의사결정을 하는 데 시간이 지나치게 오래 걸렸고, 때로는 후회로 남는 선택을 하기도 했다. 그러나 오랜 명상 훈련을 통해 지금은 점점 직관의 소리를 들을 수 있는 힘이 자라고 있다. 덕분에 내가 가야 할 큰 길이 직관적으로 보이기 시작했다. 예전처럼 머릿속에서 끝없이 계산하거나 망설이지 않아도 된다. 물론 평생을 반대로 생각해온 습관을 'UNDO(되돌리기)'하는 데는 여전히 훈련이 필요하다. 그러나 지금은 적어도 그 길이 어디인지 감각할 수 있고, 그 길 위에서 한 걸음씩 움직여 나갈 수 있다는 자신감이 생겼다.

명상은 통찰을 준다. 그러나 통찰은 행동하지 않으면 잊힌다. 머뭇거릴수록 '다음에', '나중에', '더 준비된 후에'라는 말로 스스로를 속이게 된다. 그렇기에 지금 떠오르면, 지금 바로 움직여야 한다. 삶을 창조하는 가장 강력한 방법은 '즉시 행동'이다. 그리고 그 행동은 머리가 아니라, 깊은 내면이 말할 때 가장 정확한 방향을 알려준다.

하루를 시작하는
명상의 힘

밤에 잠들기 직전과 아침에 눈뜬 직후는 우리의 신체와 정신이 특별한 상태에 있는 시간대로, 이때의 활동은 하루 전체의 건강과 웰빙에 큰 영향을 미친다. 명상은 스트레스 호르몬인 코르티솔 수치를 평균 20~30% 감소시켜 몸과 마음을 차분히 만들어준다. 또한 각성 상태의 베타파를 감소시키고 이완 상태의 알파파를 증가시켜 신경계를 진정시킨다. 이처럼 이런 시간대의 명상과 같은 긍정적인 활동을 실천하면 신체적, 정신적 건강을 증진시키고 전반적인 삶의 질을 향상시킬 수 있다.

감정을 바라보는 것에서 시작하는 아침

아침을 어떻게 시작하는가에 따라 하루의 질이 결정된다. 그래서 나는 아침에 눈을 뜨자마자 휴대폰을 확인하는 대신, 나의 감정과 몸의 상태를 바라보는 것부터 시작한다.

하루를 시작하는 순간 머릿속에는 수많은 감정과 생각이 떠오른다. 어떤 날은 평온하지만, 어떤 날은 이유 없이 불안감이 밀려오기도 한다. 나는 매일 아침 5시 30분에서 6시 사이에 일어나서 침대에 누운 채로 바로 떠오르는 감정이 몸에서 느껴지는 감각을 충분히 경험한다. 주로 불안이 올라오는데 '이건 불안이구나'라고 인정한 후 그 감정이 어떤 느낌인지, 온도는 어떤지 등등 감각을 있는 그대로 느끼면서 그 감정이 사라질 때까지 바라본다.

처음에는 이 과정이 쉽지 않았다. 몇 분간 강한 불안을 견뎌야 했기에 감정을 마주하는 것이 쉬운 일이 아니었다. 이때 중요한 것은 감정 안에 빠지지 않고 그것을 있는 그대로 바라보는 연습을 하는 것이다. 꾸준히 실천하면 점점 고통스러운 시간이 줄어들고, 불안이 올라오는 빈도가 줄게 된다. 올라오더라도 오래 머물지 않고 빠르게 흘러가게 되고, 지금은 아침에 불안이 거의 올라오지 않는다. 불안뿐 아니라 짜증, 두려움, 무력감 등도 같은 방식으로 다룰 수 있다. 이 과정을 통해 아침부터 감정에 휘둘리지 않는 힘을 가지게 되고, 하루를 더 평온한 마음으로 시작할 수 있게 된다.

하루 중에도 수시로 감정이 올라 온다. 그럴 때마다 나는 감정을 억누르거나 휩쓸리지 않고, 몸에서 분리해 바라본다. 그리고 한 걸음 더 나아가 그 감정을 미래를 창조하는 에너지로 전환하는 짧은 명상을 한다. 그러면 감정은 더 이상 나를 고갈시키지 않고, 오히려 앞으로 나아가도록 밀어주는 중요한 자원이 된다. 이 순간 즉각적으로 마음이 가벼워지고 기분이 고양되는 것을 느낄 수 있다.

호흡과 함께 하루를 창조하다

감정을 바라보고 난 후 '소마 브레스(Soma Breaths)'라는 호흡 명상을 한다. 이 명상법은 리드미컬한 호흡을 통해 신경계를 안정시키고, 깊은 집중 상태로 들어가는 데 도움을 준다. 그 상태에서 하루를 창조하는 명상을 시작한다. 단순히 해야 할 일 목록을 떠올리는 것이 아니라 하루 동안 일어날 일을 마치 이미 경험한 것처럼 생생하게 시각화하는 것이다. 예를 들어, 중요한 미팅이 있다면, 그 미팅을 성공적으로 마치는 장면을 떠올리고, 그 과정에서 느껴지는 감각까지 세세히 경험한다. 따뜻한 커피 한 잔을 마시는 느낌, 컴퓨터 키보드를 두드리는 손의 감각, 업무를 마친 후의 개운함까지 떠올리며 하루를 미리 살아본다.

이러한 시각화 기술은 연구에서도 그 효과가 입증되었다. 하버드대 연구에 따르면, 특정한 목표를 시각화하고 이를 반복적으로 연습한 사람들은 실제 성과가 30퍼센트 이상 향상되었다고 한다.[15] 일론 머스크 또한 하루를 시작하기 전, 핵심 목표를 설정하고 이를 달성한 상태를 미리 경험하는 연습을 한다고 알려져 있다.[16] 그는 매일 5분 정도를 투자해 자신이 집중해야 할 핵심 과제를 떠올리고, 이를 마쳤을 때의 기분을 미리 경험함으로써 동기 부여를 극대화한다. 이 과정을 꾸준히 실천하면, 하루를 더 의식적으로 살게 된다. 하루의 흐름을 예상할 수 있고, 어떠한 일이 벌어지든 중심을 잡을 수 있는 힘을 얻게 된다.

**움직이는 명상으로
하루의 에너지를 높인다**

명상 후 집 앞 공원으로 나가 가벼운 조깅을 한다. 이 시간은 나에게 있어 움직이는 명상의 시간이다. 단순히 운동만 하는 게 아니고 자연과 교감하며 온몸으로 하루를 맞이한다. 바람이 스치는 느낌, 새소리, 공기의 신선함을 오감으로 느끼며 지금 이 순간에 완전히 몰입한다.

이 과정을 통해 나는 하루를 '움직이며 감사하는 에너지'로 시작할 수 있게 되었다. 걸을 때마다 감사할 것들을 떠올린다. 내 몸이 움직일 수 있다는 것, 맑은 공기를 마실 수 있다는 것, 새로운 하루가 시작되었다는 것. 감사의 마음이 차오르면, 자연스럽게 하루가 긍정적인 에너지로 채워진다.

우리가 흔히 알고 있는 오프라 윈프리도 매일 아침 감사 명상을 한다고 한다. 그녀는 하루를 시작하면서 지금 자신이 가진 것들에 감사하는 시간을 가짐으로써, 하루를 더 풍요롭게 만들고 삶에 대한 만족감을 극대화한다.

운동 후 샤워를 할 때조차도 '마인드풀(Mindful)'한 태도를 유지한다. 물이 몸을 감싸는 느낌, 따뜻함, 하루를 새롭게 시작하는 감각을 충분히 느끼며 현재에 머문다. 명상은 앉아서 눈을 감고 하는 것만이 아니라 움직이며 경험하는 모든 순간에 녹아들 수 있는 것이다.

습관화된 아침 명상은 하루의 흐름을 결정짓고, 나의 감정을 조율하며, 현실을 창조하는 강력한 도구이다. 감정을 바라보고, 호흡으로 하루를 창조하며, 움직이면서 감사하는 시간을 갖는 것. 이 세 가지를 실천하면서, 나는 내 하루를 우연이 아닌 의도적인 창조의 과정으로 만들고 있다. 이제 내일 아침, 눈을 뜨는 순간부터 '하루를 설계하는' 연습을 해보자. 그 작은 실천이 당신의 삶을 더욱 풍요롭게 변화시킬 것이다.

삶과 커리어의 균형을 맞추며 얻은 깨달음

**매일 매일을 신나는
게임으로 생각하기**

아무 연고도 없는 영국에서 아이 둘을 키우면서 전문직을 병행해야 했다. 시간과의 싸움은 치열했고, 매일 출근 전에 아이들을 챙기는 과정은 전쟁터를 방불케 했다. 하지만 삶과 커리어의 균형을 맞추는 일은 생각보다 복잡하지 않다. 핵심은 단순한 시간 관리가 아니라 그것을 어떻게 바라보느냐의 문제다. 나는 이를 매일 매일 신나는 게임처럼 생각하기로 했다.

어떤 게임이든 룰이 있듯 하루에도 나만의 룰이 필요하다. 그래서 찾은 해결책이 바로 '목욕 가운 전략'이다. 매일 아침 화장을 하고 출근 준비를 완벽히 마친 뒤, 마지막 단계로 목욕 가운을 걸치고 아이들의 아침 준비를 시켰다. 아이들이 밥을 먹다가 손에 묻은 음식을 내 옷에 묻히면 다시 갈아입어야 하는데, 그럴 시간이 없었기 때문이다. 이렇게 철저한 준비를 마치고 아이들이 유치원에 가거나 돌봐줄 분이 오자마자 목욕 가운을 벗고 화려하게 히어로처럼 출근했다. 사실 단 한 번도 목욕 가운을 걸친 채 출근한 적이 없었다는 사실이 신기할 정도이다. 그렇게 출근을 하면 우리 로펌의 리셉셔니스트 킴이 늘 말했다.

"너는 어떻게 애 둘을 키우면서도 이렇게 완벽하니? 너는 집에서 무릎 나온 쫄바지 같은 건 안 입지?"

나는 속으로 웃었다. '무릎 나온 쫄바지를 안 입다니? 주말엔 그것도 명품처럼 입고 있는데!' 그녀는 나를 '완벽한 워킹맘'이라고 생각했지만, 사실 나는 삶과 커리어의 균형을 맞추기 위한 전략으로 일상을 게임하듯이 대했던 거다. 매일 아침을 생존이 아니라 게임으로 접근하면 스트레스가 줄어든다.

나는 엄마로서의 나도, 전문직 여성으로서의 나도, 모두 온전하게 살아내고 싶었다. 어느 한쪽을 포기하지 않고, 두 가지를 다 충실히 해내는 것이 내가 원하는 삶이었다. 그리고 그것을 해내기 위해서 아침의 작은 전략들이 필요했던 것이다.

이처럼 하루를 게임처럼 설계하면, 예상치 못한 일들을 유머로 넘길 수 있게 되고 작은 성취를 즐길 수 있게 된다. 결국 삶의 균형을 맞추는 핵심은 완벽함이 아니라, 게임처럼 흥미롭게 접근하고 상황을 유쾌하게 받아들이는 태도에서 비롯된다.

멈추고 싶을 때마다
항상 무엇이 가능할지 생각하고 행동하기

런던, 뉴욕, 베를린에서 마라톤에 참여한 전 남편이 했던 말이 있다. 마라톤을 뛸 때 가장 힘든 구간이 '30km 벽'이라고 불리는데, 그 순간을 넘기면 오히려 두 번째 바람(second wind)이 불어온다고. 인생도 마찬가지로, 멈추고 싶을 때가 돌파의 기회다.

살다 보면 가끔 멈추고 싶을 때가 온다. 에너지가 바닥나고, 아무것도 하고 싶지 않은 순간들이 찾아온다. 하지만 내가 깨달은 것은 멈추고 싶을 때는 오히려 행동해야 하는 순간이라는 것이다. 멈추고 싶은 것은 단순한 피로 때문이 아니라, 새로운 가능성이 열리는 전환점이다. 에너지가 고갈되는 순간은 "이전 방식으로는 더 이상 갈 수 없다"는 신호이고, 동시에 새로운 접근법을 선택하라는 초대장인 것이다. 살면서 가장 큰 돌파구는 고민이 아니라 행동을 할 때 생겼다. 생각은 현실을 창조하지만 그것이 구체화되려면 행동이라는 에너지가 필요하다. 생각만 하면 점점 머릿속이 복잡해지지만, 작은 실천이라도 행동을 하면 해결의 실마리가 보인다.

전문직으로 일하면서 아이를 키운다는 것은 도전이었다. 학교에서 하는 행사에도 제대로 참여 못하고, 직장에서도 칼퇴근을 해야 하는 상황이 힘들었다. 지치기도 하고 어느 하나도 제대로 못하고 있다는 죄책감이 느껴져 육아와 커리어 사이에서 갈등할 때도 있었다. 그때 나는 육아와 커리어를 병행하는 것을 '가능하게 만들 방법은 무엇인가?'를 찾고 실행했다. 변호사로서 커리어를 확장해야 할 때도 '내가 과연 이걸 해낼 수 있을까?'라는 두려움 대신, 내가 할 수 있는 작은 실천부터 시작했다.

제약을 문제로 보면 해결할 방법이 없다. 하지만 제약 속에서 새로운 가능성을 발견하면 해결책이 보인다. 예를 들어, 나는 육아 때문에 커리어가 멈출까봐 두려웠지만, 이제는 육아의 경험이 오히려 나를 더 창의적이고 단단하게 만들었다고 생각한다. 나는 아이들을 키우며 시간을 철저히 관리하는 법을 배웠고, 어떤 일이든 효율적으로 처리하는 능력을 키웠다. 그리고 나 자신이 무엇을 원하는지, 삶에서 무엇이 더 중요한지, 더 명확하게 알게 되었다.

어려운 선택 앞에서 머뭇거릴 때도 마찬가지였다. 불완전한 시작이 완벽한 준비보다 낫다. 완벽한 타이밍을 기다리다 보면 영원히 시작하지 못할 수 있고, 지금 행동으로 옮겨보는 것이 가능성을 여는 열쇠가 된다. 이 원칙을 잘 활용한 사례 중 하나가 제프 베이조스이다. 그는 아마존을 창업할 때 수많은 가능성을 따지기보다 지금 아니면 후회할 것이라는 직관을 따라 즉시 실행했다고 한다.

사실 이 책을 쓰는 것도 그렇다. 내가 모든 준비를 끝내고 완벽해서 시작한 것이 아니다. 이제는 내 생각을 세상과 나누고, 함께 성장할 때가 되었다는 직관이 있었기 때문에 글을 쓰기 시작했다. 불완전해도 하루 한 챕터 쓰는 작은 행동으로 옮기자, 가능성은 비로소 현실이 되었다.

삶의 목적_
나는 무엇을 위해 이곳에 왔을까?

사람은 누구나 한 번쯤 "나는 왜 사는 걸까?"라는 질문을 던진다. 이 질문에 대한 답을 찾으려면 먼저 마음을 가라앉히고 스스로에게 물어봐야 한다. "나는 무엇을 하러 이곳에 왔는가?" 저널을 펼쳐 떠오르는 생각을 적거나 조용히 사색하는 것도 좋다. "나는 무엇을 위해 이곳에 왔는가?"라는 질문은 단순한 개인적 호기심이 아니라, 우주적 시스템 안에서 자신이 맡은 코드(역할)를 찾는 과정이다. 이 질문에 대한 답을 찾다 보면 결국 "나는 누구인가?", "여기는 어디인가?"라는 본질적인 물음에 닿게 된다.

삶을 온전히 이해하려면 죽음도 이해해야 한다. 어둠이 있어야 빛을 알듯, 삶을 알기 위해서는 죽음도 알아야 한다. 죽음은 끝이 아니라, 또 다른 차원으로의 전환이다. 그렇다면 어떤 모습으로 죽음을 맞이하고 싶은지 결정해야 한다. "어떤 모습으로 죽음을 맞이할 것인가"는 곧 어떤 의식 상태로 삶을 마무리할 것인가라는 질문이다. 헛되이 살았다고 느끼는 순간 두려움이 엄습하지만, 반대로 나는 참되게 살았다라는 확신이 있다면 떳떳한 전환을 맞이할 수 있다. 화가 르누아르는 "고통은 지나가고 아름다움은 남는다"라고 말했다. 우리 삶에서도 고통과 어려움은 결국 지나가고, 남는 것은 우리가 만들어온 참되고 선하며 아름다운 순간들이다. 즉, 고통은 진화하기 위해 거치는 데이터 처리 과정이고, 아름다움은 진화된 결과, 내가 구현한 본질적 가치이다. 그렇다면 우리는 어떻게 살아야 할까?

"나는 무엇을 하러 여기 왔나?"라는 근본적인 질문에 대한 대답은 '나는 참되고 선하고 아름다운 순간들을 이루러 이 세상에 왔다'라는 것을 깨달았다. 내 삶을 통해 그런 순간들의 경험을 쌓아가는 것이 내가 존재하는 이유다. 삶이 흔들릴 때마다 중요한 결정을 앞둘 때마다 이 질문을 나침반 삼아 방향을 잡는다.

누군가 물었을 때 바로 답할 수 있을 정도로 내면 깊숙이 새겨진 목표가 있다면, 삶의 중심이 흔들리지 않는다. 나의 목적은 '꾸밈없는 나 자신으로 살면서, 세상 사람들에게 영감이 되고 빛이 되는 존재가 되는 것'이다. 잘 보이려고 포장하는 것이 아니라 진정한 나로 존재하며 다른 사람들에게도 긍정적인 영향을 주는 것, 이것이 내가 살아가는 이유다. 꽃은 자신을 꾸미려 애쓰지 않는다. 그냥 피어나서 향기를 낼 뿐인데, 그 존재만으로도 벌과 나비를 끌어들인다. 이것이 바로 내가 가진 고유의 코드를 숨기지 않고 드러내는 온전한 나의 존재가 곧 영향력임을 보여준다.

결국 우리는 왜 삶과 커리어의 균형을 맞추려 하는가? 왜 돈을 벌고 싶은가? 단순히 '성공'을 위해서가 아니라 온전한 나로 살아가기 위해서다. 삶과 커리어는 억지로 맞춰야 하는 두 개의 축이 아니다. 하나의 조화로운 흐름으로 만들어가는 과정이다. 그리고 그 흐름 속에서 내가 나자신으로 온전하게 존재할 때, 나는 가장 빛이 난다.

삶의 소음 속에서
침묵을 찾다

영국 런던에서 변호사로 살아간다는 것은 끊임없는 소음 속에서 하루를 보내는 일이다. 법정에서의 치열한 논쟁, 클라이언트의 걱정 어린 목소리, 끝없이 울리는 이메일 알림 소리까지. 하루가 시작되면 나는 논리를 다듬고, 법을 분석하며, 이겨야 하는 싸움을 준비해야 한다. 실수할 여유는 없고, 시간은 늘 부족하다.

그렇게 빠르게 돌아가는 삶 속에서 문득 나 자신을 잃어버릴 것 같은 순간이 찾아온다. 그럴 때마다 나는 멈춰 서서 묻는다. "나는 도대체 어디로 가고 있는 걸까?" 변호사라는 직업은 치밀한 계획과 전략을 요구하지만, 방향을 잃지 않으려면 내면의 소리에 귀 기울이는 시간이 필요하다.

사람들은 흔히 삶이 복잡하고 앞이 보이지 않을 때 외부에서 해답을 찾으려 한다. 책을 읽고, 전문가의 조언을 구하고, 인터넷에서 수많은 정보를 검색하며 해결책을 찾으려 한다. 하지만 때로는 너무 많은 정보 속에서 오히려 길을 잃게 된다. 중요한 해답은 오히려 외부의 소음을 걷어낸 고요함 속에서 발견된다.

무엇이 옳은지 모를 때는, 반대로 옳지 않은 것들을 하나씩 제거해 가는 것이 도움이 된다. 우리는 확신을 가지지 못할 때가 많지만, 적어도 무엇이 나에게 맞지 않는지는 본능적으로 알 수 있다. 식단을 바꿀 때도 내 몸에 맞지 않는 음식을 하나씩 제거하며 건강한 식습관을 찾아가듯, 삶에서도 나에게 맞지 않는 요소들을 제거하는 과정이 필요하다. 또한 내가 어떻게 쓰여질 것인지 고민하는 것도 좋은 기준이 된다. 내가 하는 말과 행동이 다른 사람에게 조금이라도 긍정적인 영향을 미친다면, 그것이 바로 내가 옳은 방향으로 가고 있다는 증거다.

협상 중 디테일한 안건으로 상대 변호사와 치열한 논쟁을 하며 큰 그림을 놓치고 있다는 것을 인지할 때마다 한 걸음 물러나 내면을 들여다본다. '이 프로젝트에서 정말 중요한 것은 무엇인가?' '이 대화에서 내가 지켜야 할 본질은 무엇인가?' 단순히 이기는 것이 목표가 아니라면, 더 깊이 고민할 가치가 있는 요소들이 떠오른다. 이메일을 확인하기 전에, 회의를 준비하기 전에, 변호사로서 중요한 결정을 내리기 전에 먼저 나 자신과 대화한다. 결국 모든 문제의 해결책은 결국 내 안에 있다. 단지 우리가 그것을 들을 만큼 조용해지지 못했을 뿐이다.

그래서 나에게 명상은 삶의 방향을 찾는 가장 강력한 도구다. 처음 명상을 시작했을 때는 아무런 변화도 느껴지지 않았다. 머릿속에는 해결해야 할 사건들이 떠다녔고, 협상 전략과 클라이언트의 요구, 논리적인 근거를 더 보강할 방법들이 끊임없이 맴돌았다. 하지만 그런 생각들을 잠시 내려놓고 조용히 앉아 있기만 해도 신기하게도 더 명확한 해답이 떠오른다는 것을 깨닫게 되었다.

삶의 소음 속에서 침묵을 찾는 것은 쉽지 않다. 하지만 그것이 가능해지는 순간, 우리는 비로소 삶을 주도적으로 만들어갈 수 있다. 정보의 홍수 속에서 길을 잃지 않고, 바쁜 일상 속에서도 흔들리지 않는 삶. 그것이야말로 내가 원하는 삶의 방식이다.

논리를 넘어 직관으로

영국에서 변호사로 활동하면서 나는 논리적 사고의 정교함을 철저히 연마해왔다. 법 조항을 분석하고, 판례를 찾아보고, 모든 가능성을 철저하게 검토해야 한다. 조항 하나, 문장 하나에 숨겨진 의미까지 분석하며 치밀하게 준비해야 한다. 이렇듯 법률 문서를 작성하고, 소송 전략을 수립하며, 고객을 대변하는 과정에서 논리적이고 분석적인 사고는 필수적이다.

하지만 논리적으로 완벽한 전략이 현실에서 반드시 성공하는 것은 아니었다. 예상치 못한 변수가 등장하고, 수치와 데이터가 모든 것을 설명해주지 않는 순간이 온다. 이런 상황에서는 논리 너머의 무언가가 필요했다. 처음에는 그것이 경험에서 나오는 직관적 판단이 아닐까 생각했지만, 시간이 지나면서 직관은 단순한 경험 이상의 것임을 깨달았다. 그리고 직관은 법률 책 어디에도 기록되지 않은 답을 알려준다. 클라이언트의 표정, 목소리의 떨림, 상대 변호사의 숨겨진 의도까지도 직관은 읽어낼 수 있다. 생각을 너무 많이 하면 오히려 정답이 멀어지는 경우가 많다. 하지만 조용히 눈을 감고 명상에 집중하면, 나도 모르게 번뜩이는 아이디어가 떠오르곤 했다. 그 아이디어들은 종종 가장 창의적이고 효과적인 해결책이 되었다. 단순한 논리적 분석이 아닌, 직관이 만들어낸 통찰이었다.

많은 위대한 리더들이 논리와 직관을 동시에 활용한다는 것은 이미 알려진 사실이다. 브리지워터의 CEO 레이 달리오는 초월 명상(TM)을 통해 투자 결정을 내린다고 한다. 아마존 창업자 제프 베이조스 또한 "논리는 데이터를, 직관은 방향을 결정한다"라고 말했다. 결국 논리와 직관이 조화를 이루어야만 진정한 창의적 문제 해결이 가능하다.

사람들은 직관이란 단순한 감(感)이나 우연의 산물이라고 생각하는 경우가 많지만, 사실 직관은 훈련을 통해 강화될 수 있다. 나는 명상 속에서 문제를 품고 들어가 직관의 목소리를 듣고, 그후 현실에서 실행 가능한 논리를 덧붙이는 '논리 – 내면 – 행동' 루틴을 활용해왔다. 내가 논리적 사고와 직관적 사고를 연결하는 3단계 명상법은 간단하다.

- 먼저, 현재 해결해야 할 문제를 명확히 정의한다. (논리)
- 다음으로, 문제를 마음속에 둔 채 명상에 들어간다. 그리고 명상 속에서 떠오르는 해결책을 떠올리고, (내면)
- 그것을 현실적으로 실행할 방법을 찾는다. (행동)

스티브 잡스는 "직관을 따르는 것이 최고의 전략이었다"라고 말했다. 나 역시 중요한 순간에 내면의 감각을 신뢰하기 시작하면서 변호사로서뿐만 아니라 인간으로서도 더 깊이 성장할 수 있었다. 논리와 직관이 균형을 이룰 때 진정한 통찰과 창조성이 발휘된다는 것을 깨달았다.

삶을 가볍게, 그리고 선명하게

'성공이란 무엇일까?' 영국에서 변호사로 살아가며, 나는 이 질문을 수도 없이 던졌다. 많은 사람들이 성공을 향해 달려간다. 더 높은 연봉, 더 큰 명성, 더 많은 승소 기록. 하지만 성공이란 목표가 아니라 과정이며, 삶을 더 가볍게 만드는 것이 진정한 성공이 아닐까?

우리는 보통 성공을 위해 "무엇을 더 해야 할까?"라는 질문을 하지만, 오히려 "무엇을 덜어낼까?"를 묻는 것이 더 중요할 때가 많다. 불필요한 걱정, 과도한 경쟁심, 인정받고 싶은 욕구. 이런 것들을 하나씩 내려놓을 때 삶은 더 명확해진다. 명상을 하면서 나는 이런 질문들을 스스로에게 던지게 되었다.

내 삶에서 무엇을 덜어낼 수 있을까?
지금 이 선택은 나를 자유롭게 하는가, 아니면 가두는가?
나는 정말로 이 싸움을 계속해야 하는가?

명상을 통해 이러한 질문을 꾸준히 던지다 보니, 내 삶은 점점 단순해지고, 마음은 가벼워지기 시작했다. 불필요한 걱정, 인정 욕구, 조급함을 내려놓자 내가 진짜 원하는 방향이 더 분명하게 보였다. 그리고 마음의 소음이 줄어들면서 내면의 평온도 자연스럽게 찾아왔다. 그리고 성공은 더 많이 쌓는 것이 아니라 덜어내는 가운데 진짜 나를 찾는 과정이란 것을 깨달았다.

변호사로서의 삶은 종종 치열한 경쟁과 극심한 스트레스 속에서 이루어지고, 논리적 사고와 전략적 판단이 필수적이다. 나는 변호사로서 여전히 전략을 짜고 협상을 한다. 그러나 이제 나는 삶을 바라보는 관점 자체가 달라졌다. 더 이상 '이기는 것'이 목표가 아니다. '올바른 선택과 올바른 방향'이 기준이다. 나의 업무 방식은 더 유연해졌고, 실수는 배움의 기회로 바라보게 되었다. 경쟁보다는 협력에 집중하게 되었고, 타인의 관점을 받아들이는 여유가 생겼으며 조급함보다 인내를 배우게 되었다.

삶을 가볍게 하면, 자연스럽게 더 멀리 갈 수 있다. 중요한 것은 얼마나 빠르게 가느냐가 아니라 어디를 향해 가고 있는가다. 그 방향이 올바르면, 속도는 더 이상 문제가 되지 않는다. 그리고 그 방향을 찾기 위해 필요한 것은 언제나 고요한 내면의 목소리이다.

자존감을 키우는
명상의 힘

 어릴 때부터 우리는 끊임없는 비교 속에서 살아왔다. 학교에서는 성적을, 사회에서는 직업과 연봉을, 인간관계에서는 인정받는 정도를 비교 당한다. 나 역시 늘 남들보다 나아야 한다는 압박 속에서 살았고, 그렇지 않으면 가치 없는 존재처럼 느껴졌다.

 자존감은 타고나는 것처럼 보이지만, 사실 그것은 환경과 경험 속에서 깎이고 자라기를 반복하는 것이다. 자존감은 단순히 자신을 사랑하는 감정이 아니다. '내가 누구인지 알고, 있는 그대로의 나를 존중하며, 나 자신을 믿는 힘'이다.

 아이들이 어릴 때, 덴마크 부모들이 자녀들에게 물려주는 육아서를 읽고 크게 사고의 전환이 일어났던 적이 있다. 덴마크인 올케가 선물했던 그 책에서는 자존감과 자신감의 차이를 이야기하며, 유치원에서 그림을 그린 아이가 픽업 온 엄마에게 그림을 건넸을 때의 반응이 중요하다고 했다. "우와, 정말 잘 그렸네!"라고 말하면 아이는 그림을 잘 그려야 칭찬을 받는다고 인식하게 되고, 이는 자신감을 키울지는 몰라도 자존감과는 무관하다는 것이다. 반면 "고마워. 이 그림을 그리면서 엄마를 생각했구나."라고 말하면, 아이는 자신의 마음과 존재 자체가 존중받고 있음을 느낀다. 나는 이 차이를 이해하고 나서야 자존감이 단순한 칭찬으로 길러지는 것이 아니며, 내가 있는 그대로 받아들여지고 존중받고 있다는 감각에서 자란다는 사실을 깨달았다.

높은 자존감을 가진 사람들은 실수를 해도 자책하지 않고, 타인의 평가에 휘둘리지 않으며, 자신이 원하는 방향으로 삶을 이끌어간다. 반면 자존감이 낮으면 자신의 가치를 타인의 인정과 성취에 의존하게 된다. 자존감은 타고나는 것이 아니다. 매일 의식적으로 훈련하고 선택해야 하는 삶의 태도이다.

내 안의 목소리를 다시 쓰다

살면서 우리는 수많은 목소리를 듣는다. 부모님의 조언, 친구들의 평가, 사회가 정해놓은 기준들. 그러다 보면 어느 순간 그 목소리들이 내 것인 양 착각하게 된다. 하지만 정말 내 안에서 울리는 목소리는 무엇일까?

명상을 처음 시작했을 때 나는 그저 조용히 숨을 들이마시고 내쉬는 것밖에 하지 않았다. 하지만 그 순간에도 내 마음 안에서는 끊임없이 '너는 충분하지 않아. 더 노력해야 해. 인정받아야 해.'라는 소리가 들려왔다. 그 소리는 마치 오랫동안 나를 지배해온 내면의 법칙처럼 느껴졌다.

　그러나 명상을 거듭하면서 나는 그 목소리들과 나를 분리해서 바라볼 수 있게 되었다. 그리고 그 목소리는 온전히 내 것이 아니라 부모님이, 사회가, 나를 둘러싼 환경이 만들어낸 것이었다는 것을 깨달았다. 나는 오랫동안 그것을 진실이라 믿었지만, 그것은 타인의 말과 시선이 쌓여 만든 허상일 뿐이었다. 그리고 그 속에서 '진짜 나'의 목소리를 찾고 싶었다. 그것이야말로 자존감을 회복하는 첫걸음이었다.

　성공한 사람들도 처음부터 자존감이 높았던 것은 아니다. 스티브 잡스는 자신이 창업한 애플에서 쫓겨나는 아픔을 겪었지만, 그 사건을 통해 오히려 더 단단한 자존감을 갖게 되었다. 그는 실패를 경험하면서도 자신을 믿는 힘을 잃지 않았고, 덕분에 다시 일어설 수 있었다. 오프라 윈프리 역시 가난과 학대 속에서 성장했지만, 자기 자신을 존중하고 사랑하는 법을 배우며 삶을 변화시켰다. 그녀는 "나는 내 과거의 피해자가 아니다"라고 선언하며, 자신의 가치를 스스로 인정하는 것이 얼마나 중요한지를 강조했다.

나 역시 최근 인수합병 협상에서 상대방 변호사의 공격적인 태도를 마주한 적이 있다. 그는 내 논리를 깎아내리고, 내가 제시한 조건들을 전혀 고려할 가치가 없는 것처럼 말했다. 순간적으로 나는 위축되는 기분이 들었다. 마치 내가 틀린 것처럼, 내가 부족한 사람처럼 느껴졌다. 하지만 그 순간, 나는 내면의 목소리에 귀를 기울였다. "나는 충분하다. 나는 논리적으로 접근했고, 내 입장을 정당하게 제시하고 있다." 숨을 깊이 들이마시고 내쉬며 중심을 잡고, 상대의 태도에 휘둘리는 대신 차분하고 단호하게 내 주장을 이어갔다. 결국 협상은 내가 예상했던 방향으로 흘렀고, 나의 입장이 충분히 반영된 결과를 이끌어낼 수 있었다.

자존감이란 실패하지 않는 것이 아니라, 실패할 것 같은 순간에도 나 자신을 존중하고 믿는 힘이다.

나를 있는 그대로 받아들이는 연습

자존감은 결국 '내가 나 자신을 어떻게 대하느냐'의 문제다. 우리는 타인에게는 따뜻하지만, 정작 자기 자신에게는 지나치게 가혹하다. 스스로에게 "왜 이것밖에 못 해?"라고 다그치면서도 타인에게는 "괜찮아, 최선을 다했잖아"라고 위로하는 것이 인간의 모순이다.

명상은 내 안에 쌓인 판단을 내려놓는 연습이다. 완벽하지 않아도 괜찮다고, 실수해도 괜찮다고 스스로에게 말해주는 습관이다. 나는 명상 중에 내 감정을 그대로 바라보는 연습을 했다. 불안하면 불안한 대로, 기쁘면 기쁜 대로, 슬프면 슬픈 대로 있는 그대로 두었다. 그러자 이상하게도, 나 자신을 더 편하게 받아들이게 되었고 나를 향한 온도가 점점 따뜻해졌다. 자존감을 키우기 위해 실천할 수 있는 몇 가지 방법이 있다.

아침 명상
하루를 시작할 때 5~10분간 조용히 앉아 '오늘 나는 나 자신을 어떻게 대할 것인가?'라는 질문을 던진다.

자기 긍정 확언
'나는 충분하다. 나는 가치 있는 존재다' 같은 문장을 명상 중에 반복한다.

감정 인정하기
불안이나 두려움이 올라오더라도 억누르지 않고, 그 감정을 있는 그대로 바라보는 연습을 한다.

비교하지 않기
남과 비교하는 대신 나만의 성장곡선을 인식하고 축하한다.

실패 재정의하기

실수를 했을 때 '나는 실패한 사람이 아니라, 배우고 있는 사람이다'라고 생각하는 연습을 한다. 즉, 실패를 자아평가와 분리한다.

BTS 노래에도 나오지만 '스스로를 사랑하라(Love yourself)'는 이야기를 종종 듣는다. 스스로를 사랑하려면 어떻게 해야 하는 걸까? 나는 사랑은 감정이 아니라 결정이며 습관이라고 생각한다. 때문에 매일 나 자신에게 따뜻한 말을 건네고, 내 감정을 인정하고, 스스로를 다독이는 연습이 필요하다.

나 역시 자존감이 바닥을 쳤던 시기가 있었다. 그럴 때마다 아침 명상을 하면서 내게 이렇게 말했다.

"오늘도 괜찮아. 네가 누구든, 어디에 있든, 어떤 감정을 느끼든, 넌 이대로 충분해."

그리고 매일 보는 거울에 빨간 립스틱으로 'You are enough(넌 충분해)'라고 적어두었다. 일주일에 한 번씩 오는 클리너가 거울을 깨끗하게 닦아 놓으면 나는 또 같은 자리에 같은 글을 쓰곤 했다. 그런 연습이 쌓이면서 어느 순간 그 확언들은 나의 진실이 되었다. 그리고 이제 나는 더 이상 외부의 평가나 남과 비교하며 흔들리지 않는다. 자존감은 외부에서 오는 것이 아니라, 내가 매일 선택하고 만들어가는 것임을 알게 되었기 때문이다.

인간관계와
명상의 관계

관계의 본질
우리는 하나이고 서로의 거울이다

인간관계에서 가장 힘든 점 중 하나는 상대방의 말과 행동에 쉽게 상처받고 영향을 받는다는 것이다. 이것은 우리가 인간관계를 '나'와 '타인'이라는 분리된 두 개체 간의 상호작용으로 바라보기 때문이다. 그로 인해 갈등은 곧 외부의 탓으로 여겨진다. 하지만 명상이 깊어질수록 깨닫게 되는 것은, 우리는 서로 연결되어 있는 하나의 유기체라는 사실이다.

동양철학에서도, 양자물리학에서도, 인간은 자연과 유기적으로 연결되어 있으며 서로 영향을 주고받는 존재라고 말한다. 그렇기 때문에 우리가 타인과의 관계에서 느끼는 감정, 갈등, 기쁨은 결국 우리 자신의 내면이 반영된 결과다.

이 깨달음은 관계를 바라보는 방식을 바꾼다. 타인이 내게 부정적인 말을 하거나 이상한 표정을 지을 때 그것이 내게 상처가 되는 이유는 내가 내면 깊숙이 그것에 동의하고 있기 때문이다. 예를 들어, 누군가 나에게 "넌 정말 게으른 사람이야"라고 말한다고 가정해보자. 만약 내가 나 자신을 부지런한 사람이라고 확신하고 있다면, 그 말에 영향을 받을까? 아마도 아닐 것이다. 오히려 상대의 말이 우스울 수도 있다. 그러나 만약 내가 내심 '나는 더 열심히 해야 하는데, 부족한 것 같아'라고 생각하고 있다면, 그 말은 나의 화나 불안을 건드리는 트리거가 된다. 내 내면이 반영되어 상대방을 통해 나타났는데, 나는 그것을 인정하거나 보기 싫어 화를 내거나 속상해 하는 등의 반응을 보이는 것이다.

이렇게 타인의 말과 행동이 내게 영향을 주듯이, 나의 말과 태도도 상대방의 반응을 결정한다. 즉, 내가 어떻게 존재하는가에 따라 관계의 질이 결정된다. 그러므로 타인의 말과 행동이 나에게 영향을 미칠 때마다 내 안에 있는 무엇이 투영된 것인지 들여다보라. 그리고 화를 내거나 상처받기보다 "왜 나는 이 말에 반응할까?"라고 질문해보자. 그것을 보게 될 때 화는 사라진다. 상대방은 나에게 내 내면에 꾹꾹 눌러놓은 감정을 바라볼 수 있게 해주는 고마운 스승의 역할을 한 것뿐이라는 것을 알게 된다. 그러면 자연스럽게 관계에 대한 이해가 깊어지고, 불필요한 감정 소모에서 벗어나게 된다. 인간관계는 더 이상 상처를 주고받는 과정이 아니라 성장의 기회가 된다.

**좋은 관계를 위한 첫걸음_
나의 시각 키우기**

결국 관계의 질을 결정하는 것은 상대방이 아니라 전적으로 내가 그에게 어떤 사람인가에 달려 있다. 어느 누구도 완벽하지 않으며, 모든 사람은 장점과 단점을 가지고 있다. 상대방이 다른 사람에게는 관대하고 다정하지만 나에게는 야비하고 차갑게 대한다면, 이는 내가 그 사람의 부정적인 면을 유발했기 때문일 수 있다. 이는 상대방의 본질이 달라서가 아니라 내가 상대방을 어떻게 대하는가에 따라 달라진다. 내가 그에게 "너와 있어서 불행해"라고 느끼게 함으로써 상대방이 방어기제로 그러한 언행을 보일 수도 있다.

어떤 사람은 나에게 사랑만 끌어내고, 어떤 사람은 보기만 해도 짜증이 난다. 상대방이 나를 있는 그대로 존중해주고 좋은 말로 나를 불러주면 나의 좋은 면이 이끌어지게 된다. 마찬가지로 내가 평온하고 사랑이 가득한 사람이라면 자연스럽게 상대방의 좋은 면을 끌어내게 되지만, 불안과 결핍 속에서 상대를 대하면 상대의 불안한 모습이 더 부각되기 마련이다.

그러니 좋은 관계를 맺고 싶다면, 내 안에서 상대의 좋은 면을 볼 수 있는 시각을 키우는 것이 먼저다. 나의 시각이 변하면 같은 사람이더라도 더 좋은 모습이 보이게 되기 때문이다. 그래서 누구를 만나는가가 아니라, 내가 어떤 사람이 되어야 하는가가 중요한 것이다. '너와 함께여서 난 너무 행복해'라는 메시지를 항상 느끼게 해주면 상대의 긍정적인 면이 자연스럽게 부각될 수 있다.

이렇듯 사람의 본질을 파악할 수 있는 시각이 없으면 아무리 좋은 사람이 와도 그 사람의 좋은 면을 끌어낼 수 없고 관계를 좋게 유지하기 어렵다. 그러니 사람을 해석할 수 있는 역량을 갖추는 것이 중요하다. 사람을 해석할 수 있는 역량은 곧 나의 가치관이 어떤 상태인지에 달려 있다. 외모, 스펙, 조건 같은 기준을 통해 사람을 평가하고 있다면, 그 기준이 어디서 왔는지를 성찰해야 한다. 그리고 그런 평가 기준이 엄격할수록, 나 자신 역시 무의식적으로 '충분하지 않다'는 감정에 시달릴 가능성이 크다. 상대가 부족해 보인다는 감정은 결국 내 안의 성장 부족에서 비롯된다.

실수 없는 관계를 만들고 싶어 하는 마음은 자연스럽지만, 실수와 시행착오 없이 성숙한 관계로 가는 길은 없다. 우리는 서로를 비추며 성장해간다. 그러니 좋은 사람을 '만나야겠다'고 생각하기 전에 내가 좋은 사람이 되는 길을 먼저 걷는 것이 우선이다.

인간관계에서의 자유_
기대를 내려놓고 있는 그대로 받아들이기

인간관계에서의 고통은 대개 기대에서 비롯된다. '상대가 나를 이해해주길, 나를 사랑해주길' 바라는 마음이 커질수록, 우리는 실망과 좌절에 쉽게 빠지게 된다. 특히 친밀한 관계일수록 기대는 커지고, 실망은 깊어진다. 내가 내 안의 공허함을 채우지 못한 채 상대방이 나를 채워주기를 기대하면 계속해서 실망하게 될 수밖에 없다. 그리고 실망은 곧 갈등으로 이어진다.

그러나 우리가 원하는 진정한 사랑과 안정감은 타인에게서 오는 것이 아니며, 내 안에서 스스로 만들어내는 감정이다. 명상을 통해 내면을 채우기 시작하면, 더 이상 타인에게 감정적 의존을 하지 않게 된다. 그러면 관계는 기대의 무게가 사라지고, 있는 그대로의 나와 타인을 받아들이는 자유로운 상태로 변화된다.

명상은 나에게 기대를 내려놓고 '있는 그대로의 상대를 받아들이는 법'을 가르쳐준다. 상대를 있는 그대로 존중하고 사랑하는 조건 없는 관계가 가능해질 때 깊은 관계를 형성할 수 있다. 명상을 통해 나는 상대를 변화시키려는 노력 대신 내 마음 상태를 먼저 바라보고 나 자신을 채우는 데 집중했다. 그러자 자연스럽게 좋은 인연이 다가왔고, 관계는 더욱 단단해졌다.

좋은 관계는 결국 '받는 것'이 아니라 '주는 것'에서 시작된다.

어떤 관계에서도 우리는 '내가 사랑받을 자격이 있는가?'보다는 '내가 상대를 있는 그대로 사랑하고 있는가?'를 먼저 고민해야 한다. 우리는 누구나 사랑받을 수 있는 존재이지만, 더 중요한 것은 그 사랑을 받아들일 수 있는 '그릇'을 만드는 것이다. 인간관계를 더 건강하게 만들기 위해 다음과 같은 명상 실천법을 추천한다.

감정 명상

상대방의 말이나 행동이 나를 불편하게 할 때, 즉각 반응하기 전에 내 감정을 들여다 볼 수 있는 힘을 키우기 위해, 명상중이나 평소에 감정이 올라올 때마다 억누르지 말고 그대로 표현하는 연습을 한다. 예를 들어, 나는 이 전화를 받기가 두렵다 나는 이 관계에서 도망가고 싶다 등 그때그때의 감정을 표현하고 그 감정이 어디서 왔는지 스스로에게 묻는다. 이때 절대 감정을 평가하지 않는다.

연결 명상

꾸준한 우주 명상을 통해 '우리는 하나다'라는 것을 알게 되면 타인을 '내 안의 다른 나'로서 볼 수 있게 되고, 사랑으로 연결될 수 있게 된다.

공감 명상

상대방의 뒤에서 팔, 다리, 몸의 순으로 상대방을 '입어보는' 연습을 한다. 그 상태에서 '그는 왜 그런 반응을 보일까'라는 질문을 던지고 상대의 눈으로 보고 상대의 감정을 그대로 느낀다. 종종 상대방의 '화' 뒤에 숨겨져 있는 두려움이나 슬픔을 보게 될 것이다. 상대방을 감정이 아닌 본질로, 아무것도 잘 못된 게 없는 온전한 존재로 바라보는 연습을 한다.

자기 충족 명상

숨을 들이쉬며 '사랑합니다' 내쉬며 '감사합니다'를 반복하며 내 몸과 존재에 사랑과 감사의 에너지를 채워 넣는다. 그리고 내 에너지가 나를 통해 지구와 우주로 연결되는 상상을 한다. 이 연습을 하면 나 스스로가 가장 좋은 부모, 친구, 조력자가 되어 공허함을 내 안에서 채울 수 있는 힘이 생긴다.

인간관계는 결코 타인에 대한 것이 아니다. 그것은 내가 어떤 내면을 가지고 세상과 마주하느냐에 대한 이야기다. 명상을 통해 내면이 변화하면, 관계도 자연스럽게 달라진다. 결국 관계의 본질은 타인이 아닌, 나 자신을 어떻게 바라보는가에 달려 있다.

감정기복을 다스리는
명상법

분노를 충분히 들여다보니,

그 본질이 슬픔이라는 것을 깨닫게 되었다

(I sat with my anger long enough until she told me her real name was grief)

_C.S.루이스(C. S. LEWIS), 20세기 최고의 지성, 《나니아 연대기》 작가

**감정에 휘둘리지 않고
나를 중심에 두기**

우리는 종종 감정을 마치 극복해야 할 적처럼 여긴다. 분노, 불안, 외로움, 슬픔 같은 감정은 가능하면 피하고 없애야 할 대상으로 느껴진다. 그러나 감정은 단순히 없애야 할 대상이 아니며, 나의 내면에서 나에게 무언가를 말해주는 신호다. 감정이 없다면 우리는 스스로를 점검할 기회를 잃고 만다. 외로움은 나

자신에게 더 집중하라는 속삭임일 수 있고, 분노는 나의 경계가 침범 당했다는 알람, 두려움은 성장의 문 앞에 서 있다는 신호일 수 있다.

예전의 나는 두려움이 올라오면 피하려 했고, 슬픔이 몰려오면 무언가로 덮으려 했다. 하지만 명상을 통해 감정과 나를 분리해 바라보는 연습을 하면서, 감정은 억누를 것이 아니라 '함께 머물러야 할 손님'이며 다음 단계로 안내하는 내비게이터라는 걸 알게 되었다. 감정은 내가 나 자신과 진짜로 마주하게 도와주는 도구다. 그것을 있는 그대로 바라보고, 느끼고, 흘려보내는 순간, 내 마음은 조금 더 단단해지고 부드러워진다. 그리고 이렇게 바라보고 흘려보낸 감정은 다시 에너지로 전환된다.

예를 들어 외로움은 차가운 바람과 같다. 처음 마주할 땐 그 싸늘함에 마음이 얼어붙는 듯 아프지만, 그 바람이 지나간 뒤에는 내 안의 가장 깊은 곳에 숨어 있던 감정과 마주할 수 있게 된다. 외로움은 그렇게 나 자신과 진정으로 연결되게 만드는 조용한 기회다. 바람은 나무를 흔들지만, 그 흔들림 덕분에 뿌리는 더 깊어지는 것과 같이, 감정의 바람도 우리를 흔들지만 결국 내면의 뿌리를 더 단단하게 만든다. 감정을 다스린다는 건 억누르는 것이 아니다. 감정을 해석하고, 그 메시지를 읽은 뒤, 다시 중심으로 돌아오는 기술을 훈련하는 것이다.

사실 이 글을 쓰는 과정에서도 두려움이 올라왔다. '이 이야기를 세상과 나눌 자격이 있을까?'라는 불안도 스쳤다. 그러나 그 두려움과 불안을 억누르지 않고 바라보자, 그것은 내가 더 진실한 나를 드러내야 한다는 신호임을 알게 되었다. 감정을 잘 다스리면 이렇게 나를 넘어서는 길을 보여주는 훌륭한 안내자가 된다.

결국 감정을 다스린다는 것은 삶 전체를 어떻게 다루는지에 대한 태도이며, 중심이 흔들리지 않는 나로 살아가기 위한 훈련이다. 그렇다면 감정을 어떻게 다스릴 것인가?

감정과 친해지는 명상_
불안을 초대하라

많은 이들이 불안이 올라올 때 그것을 억누르거나 무시한다. 그러나 감정은 억눌릴수록 더 강하게 되돌아오는 법이다. 마치 무시당한 방문객이 집 밖에서 문을 계속 두드리는 것처럼, 무시하면 소리만 커질 뿐이다. 불안과 긴장은 암처럼 도려내야 할 감정이 아니다. 아주 오랜 동안 우리를 보호하기 위해 장착된 방어체계다. 우리 삶에서 중요한 메시지를 전해주는 손님일 수 있다. 틱낫한 스님은 불안을 다루는 방법에 대해 "불안은 어린아이와 같다. 다독여주고 이해하려고 하면 차분해진다."라고 말했다. 나 역시 불안을 피하는 대신 그 감정을 손님처럼 맞이하는 명상을 한다. 다음은 내가 매일 활용하는 '불안을 초대하는 명상법'이다.

1. 불안을 문 앞의 손님으로 떠올리기

눈을 감고, 불안이 조용히 문을 두드리는 장면을 상상한다. '응, 또 왔구나'라고 말하며 감정을 억누르지 않고 천천히 맞이한다. 이 순간 가장 중요한 건 판단하지 않는 것이다.

2. 불안과 함께 머물기

불안을 집(마음) 안으로 초대한다. 귀한 손님을 맞이하듯, 가장 좋은 자리로 안내하고 따뜻한 차도 내어준다. 불안을 색깔, 질감, 온도로 구체화 해보고 몸의 어느 부위에 자리 잡고 있는지도 느껴본다. 이때 불안에게 담요를 덮어주거나 안아주는 상상을 해보면 더욱 효과적이다.

3. 불안이 스스로 떠나도록 허용하기

따뜻한 대접을 받은 손님이 스스로 떠나듯, 불안도 조용히 흘러가도록 둔다. 억지로 쫓아내려 하지 않는다. 때로는 감정이 녹아 없어지거나 스르르 잠이 드는 느낌이 들기도 한다. 그 과정을 바라보며 마음에 떠오르는 평온을 느껴본다.

이 명상이 익숙해지면 불안은 더 이상 나를 위협하는 존재가 아니라 이해와 성장을 위한 길잡이가 된다. 이 훈련을 하면 내가 감정을 인식하고 선택하는 힘을 기르게 된다.

감정은 에너지다_
승무원 시절 배운 감정 컨트롤

감정은 에너지이기 때문에 어떻게 활용하느냐에 따라 우리의 인생을 바꿀 수 있는 강력한 힘이 될 수 있다. 용광로의 불길은 무섭지만, 그것을 제어하면 강철을 만드는 것처럼, 감정도 제어하지 않으면 파괴적이지만 다루면 창조적 힘이 된다. 마하트마 간디는 자신의 분노를 평화적인 저항의 에너지로 바꾸었고, NBA 농구 선수 코비 브라이언트는 경기 전 긴장을 집중력으로 전환하는 명상을 했다.

내가 감정을 에너지로서 다스리는 법을 처음 배운 건 승무원 시절이었다. 비행 중 예상치 못한 상황은 늘 있었고, 때로는 승객의 분노가 나를 향해 날아오기도 했다. 그럴 때마다 나는 즉각적으로 반응하지 않고, 먼저 감정으로 인해 생기는 몸의 변화를 인식했다. 가슴이 답답하거나 얼굴이 달아오르면, 속으로 천천히 숫자를 세며 호흡을 고르고, "지금은 나의 감정보다 승객의 안전과 안정을 우선해야 할 때"라고 스스로에게 말해주었다. 그렇게 내 감정을 억누르지 않으면서도, 그것을 '냉정함'이라는 에너지로 전환해 대응할 수 있었다. 법조계에서도 마찬가지다. 협상 중 상대가 자극적인 발언을 던졌을 때, 감정적으로 반응하면 흐름이 끊기고 전략을 잃게 된다. 이럴 때 나는 내면의 감정신호를 먼저 알아차리고, 마음속에서 지금은 내 감정보다 의도한 결과가 더 중요하다는 것을 상기하며 한 박자 늦춰서 말한다. 이 짧은 멈춤 덕분에 감정은 반응이 아닌 선택으로 바뀌고, 감정이 아닌 나의 중심에서 반응할 수 있게 된다.

하지만 나도 처음부터 멈춤이 가능했던 게 아니라 꾸준한 명상을 통해 몸에 익힌 대응 방식이다. 실제로 나는 중요한 순간마다 감정의 에너지를 다루기 위해 다음 방법들을 활용한다.

감정이 올라올 때는 먼저 호흡을 가다듬는다.
코로 천천히 숨을 들이마시고, 입으로 길게 내쉬며 몸의 긴장을 풀어준다. 이 호흡만으로도 몸이 반응에서 벗어나고, 마음은 한층 고요해진다.

감정이 휘몰아칠 때, 마음속으로 차분한 바다를 떠올려본다.
감정은 바다 위의 거센 파도일 뿐이다. 나는 그 아래에서 흔들리지 않는 바다 자체다. 파도는 지나가고, 바다는 늘 그 자리에 있음을 기억한다.

실전에서 바로 적용할 수 있는 '5초 명상법'
갑작스러운 감정이 올라올 때는 단 5초만이라도 눈을 감고 현재 순간을 인식한다. "지금 나는 ○○○라는 감정을 느낀다. 하지만 나는 그 감정이 아니다."라고 스스로에게 조용히 말하며 감정과 자신 사이의 공간을 만들어본다. 이 짧은 명상만으로도 반사적인 반응을 피하고 중심을 유지할 수 있다.

이러한 감정 조절 명상은 단순히 감정을 다스리는 데 그치지 않고, 감정을 성장의 에너지로 전환하는 힘을 길러준다. 감정은 억제의 대상이 아니다. 방향만 잘 틀어주면 삶을 더 깊고 넓게 만드는 연료가 된다. 감정을 있는 그대로 느끼고 이해한 후에 그것을 의미 있는 행동으로 연결시키는 것, 그것이 바로 명상이 우리에게 주는 진짜 힘이다. 그렇다면 감정을 에너지로 전환하기 위해 우리는 어떻게 명상할 수 있을까? 다음은 내가 실제로 활용하는 실용적인 3단계 명상 가이드이다.

1. 감정을 인식하기

지금 느끼는 감정을 정확히 짚어본다. 외로움, 두려움, 초조함, 분노 중 어떤 감정인가? 그 감정이 내 몸 어디에 자리하고 있는지, 어떤 색과 모양으로 느껴지는지를 관찰한다. 감정을 구체화하는 이 과정은 감정과 거리를 만드는 첫걸음이다.

2. 감정에 의미 부여하기

감정에게 조용히 말을 건다. 너는 내게 무슨 이야기를 하고 싶니? 분노라면, 그것은 내 경계가 침해되었다는 신호일 수 있다. 외로움이라면, 나 자신과의 연결이 약해졌다는 메시지일 수 있다. 감정은 늘 나를 위한 메신저다. 그것이 말하려는 것을 들을 수 있다면, 우리는 더 이상 감정에 휘둘리지 않게 된다.

3. 감정을 활용한 행동 설정하기

감정을 인식하고, 그 의미를 이해했다면, 이제 그 에너지를 구체적인 행동으로 전환해보자. 외로움을 느낀다면 나와 연결되는 활동을 선택하자. 산책, 저널링, 명상 혹은 사랑하는 이에게 연락해보는 것이다. 분노를 느낀다면 그것을 나의 소중한 경계를 지키는 의사표현으로 바꿔보자. 감정은 방향만 잡아주면 나를 나아가게 하는 강력한 추진력이 된다.

이렇게 감정을 억제하지 않고, 오히려 함께 머물고 이야기하며, 새로운 행동으로 연결할 수 있다면 우리는 더 이상 감정의 포로가 아닌 감정과 함께 춤추는 창조자가 된다. 만일 명상이 어렵다면 매일 지금 내가 가진 것에 감사하는 연습만 꾸준히 하고, 매일 조금씩 나 자신과의 시간을 가져보자. 목욕을 해도 되고 잠시 눈을 감아도 된다. 몸이 운동과 휴식을 반복하면서 근력이 생기듯 마음도 매일의 작은 훈련을 통해 단단해진다.

스트레스를 기회로 만드는
명상 활용법

스트레스, 분노, 불안은 모두 우리가 '통제할 수 없는 상황'에 부딪힐 때 생기는 자연스러운 반응이다. 이 세 감정은 종종 함께 찾아오고 서로를 증폭시키기도 한다. 예를 들어, 강한 스트레스는 분노로 폭발하거나 불안으로 침잠되기도 한다. 그래서 우리는 하나의 감정을 해결하고자 할 때 이들 전체의 관계를 함께 이해해야 한다.

**스트레스, 분노, 불안은
같은 뿌리에서 자란다**

스트레스는 우리가 위협을 느낄 때 몸이 자동으로 반응하는 생존 본능이다. 심장이 빨리 뛰고, 손에 땀이 나며, 몸이 긴장되는 것 모두 스트레스 반응이다. 짧은 시간에는 이런 반응이 도움이 되지만, 만성적으로 지속될 경우 몸과 마음을 병들게 만든다.

　이런 스트레스 속에서 발생하는 것이 바로 분노와 불안이다. 분노는 스트레스로 인해 압박받는 몸과 마음이 보내는 저항의 형태이고, 불안은 다가오지 않은 미래에 대한 막연한 두려움에서 비롯된다. 이 세 감정은 모두 같은 뿌리에서 자라난다.

　뇌 속 감정을 담당하는 편도체가 지나치게 활성화되면 이성 뇌의 판단 기능이 마비되고, 현실을 제대로 인식하지 못하게 된다. 이를 '편도체 납치(Amygdala hijack)'라고 부른다. 이 현상이 일어나면 분노가 조절되지 않고, 감정에 휘둘리며, 극단적인 스트레스 반응이 일어난다. 심장 박동이 증가하고, 혈류가 급격히 빨라지며, 근육은 긴장되고, 얼굴은 붉어진다. 이러한 상태가 지속되면 기억을 담당하는 해마와 사고를 조절하는 전두엽 기능까지 억제되어 결국 우리는 감정에 의해 행동하게 된다.

　이 과정을 되돌려 균형을 회복 하는 가장 효과적인 방법 중 하나가 바로 명상이다. 명상을 통해 감정을 인식하고, 이를 수용하며, 부정적인 감정을 창조적인 에너지로 전환할 수 있다. 심호흡, 마음 챙김, 시각화 등의 명상 기법은 편도체의 과잉 반응을 진정시키고 전두엽의 기능을 향상시켜 감정 조절 능력을 키우고 다시 이성의 중심으로 돌아올 수 있도록 도와준다.

불안, 걱정, 두려움을
창조적 에너지로 바꾸는 기술

우리가 불안하거나 두려움을 느끼는 가장 큰 이유는, 뇌가 '예측할 수 없는 미래'를 본능적으로 가장 큰 위협으로 인식하기 때문이다. 불확실성은 생존의 관점에서 위험일 수 있었기에, 인류는 오랜 진화의 과정에서 이를 빠르게 감지하고 반응하는 방식으로 뇌를 발전시켜 왔다. 그러나 현대 사회에서의 불안은 대부분 실질적인 위협보다는 결과를 통제할 수 없다는 느낌에서 비롯된다.

여기서 불안을 억누르거나 없애려 하기보다 그것이 내게 전달하려는 메시지를 이해하고 창조적으로 전환하는 시선이 필요하다. 예를 들어 중요한 발표나 인터뷰를 앞두고 느끼는 불안은 내가 그 일을 잘하고 싶고, 나 자신을 더 성장시키고 싶다는 의지의 표현일 수 있다. 즉, 불안은 종종 성장하고 싶은 마음의 다른 이름인 것이다.

일론 머스크는 위험을 감수하지 않으면 발전도 없다고 말하며, 불확실함을 기회로 전환하는 사고방식을 강조했다. 오프라 윈프리 또한 명상을 통해 자신의 내면을 들여다보며, 중요한 결정을 내리기 전 불안이 전달하는 감정의 본질을 파악하고 그것을 자신감으로 바꿔왔다고 말한다.

이렇듯 불안은 방향을 잃게 만드는 감정이 아닌, 내가 어디로 가고 싶은지를 알려주는 나침반이 될 수 있다. 예측할 수 없는 미래 때문에 불안하면 나는 명상을 통해 '미래를 먼저 창조'하는 연습을 한다. 그러면 두려움이 사라지고 불안을 창조적 에너지로 변환할 수 있다. 그렇게 미래를 창조한 뒤 '지금 할 수 있는 가장 작은 행동(baby step)은 무엇인가'라고 스스로에게 묻는다. 그 질문에 떠오른 작고 구체적인 행동을 실천해보는 것만으로도 불안을 마비가 아닌 추진력으로 만들 수 있다. 계획을 세우고, 작은 것부터 실행에 옮기는 반복은 불안 속에 숨은 가능성을 실현하는 열쇠가 된다.

**명상으로 분노와 스트레스를
해소하는 법**

분노와 스트레스는 우리 내면의 변화와 성장을 위한 중요한 신호이며, 제대로 다루면 강력한 에너지로 전환될 수 있다.

분노와 스트레스는 표현되지 않으면 몸에 쌓인다. 두통, 근육 긴장, 소화 불량, 피로감으로 나타날 수도 있고, 장기적으로는 심장질환이나 만성피로로 이어져 삶의 질을 급격히 떨어뜨릴 수 있다. 따라서 분노와 스트레스를 올바르게 해소하고 변환하는 방법을 배우는 것이 중요하다.

달라이 라마는 "분노는 깨달음으로 가는 길이 될 수 있다."라고 말했다. 감정을 억누르거나 회피하는 대신, 분노를 있는 그대로 바라보고 흘려보낼 수 있어야 한다. 나 역시 변호사로서 극심한 스트레스와 분노에 자주 직면했다. 수많은 서류, 끊임없는 이메일, 클라이언트 및 상대방 변호사와의 협상. 모든 것이 내게 압박으로 다가왔고, 특히 예상치 못한 사건이 터질 때면 스트레스와 긴장이 한꺼번에 몰려왔다. 하지만 다음에 소개하는 감정 정화 명상을 통해 나는 이 감정을 다스리는 법을 배웠다. 그 감정을 하나의 '에너지 덩어리'로 받아들이고 정화하는 3단계 명상법은 분노를 파괴적 감정이 아닌 추진력으로 전환 시키며, 그 과정은 내 삶의 중요한 루틴이 되었다.

**분노를 정화시키는
3단계 명상법**

1. 몸의 긴장을 풀며 분노를 '에너지 덩어리'로 인식하기
조용한 공간에 앉아 몸의 긴장을 하나씩 풀어준다. 분노가 어디에서 느껴지는지 몸을 스캔하며 살펴본다. 가슴이 답답한가? 어깨가 뻣뻣한가? 손에 힘이 들어가는가? 그 감정을 억누르지 않고 있는 그대로 받아들인다.

2. 분노를 '타오르는 불꽃'으로 시각화한 후 천천히 사라지게 하기
눈을 감고 분노를 시각적으로 떠올려 본다. 그것은 붉은 불꽃

일 수도 있고, 거대한 파도일 수도 있다. 그 감정을 있는 그대로 바라보다가, 숨을 내쉴 때마다 불꽃이 점점 작아지거나 파도가 잔잔해지는 모습을 상상한다.

3. 분노가 사라진 공간에 평온한 감정을 채우기

분노가 점점 사라진 뒤, 그 자리에 따뜻한 빛이나 편안한 감정을 채운다. "나는 지금 안전하다", "모든 것은 흘러간다", "이 감정도 지나갈 것이다"라는 확언을 하면서 내면의 평온함을 느낀다.

4. 평온함 속에서 미래 창조하기

빛으로 가득 찬 내면에 스크린을 띄워 내가 원하는 미래를 구체적으로 그리고 오감으로 느낀다.

이 명상법은 감정을 억누르지 않으면서도 건강하게 순환시키는 통로를 만들어준다. 분노는 파괴적인 감정이 될 수도 있지만, 올바르게 다루고 정화해 강력한 추진력으로 전환할 수 있다. 그 결과, 적절한 분노와 스트레스는 나를 무너뜨리는 것이 아닌 삶이라는 파도를 타게 하는 원동력이 된다.

스트레스를
성장의 발판으로 삼는 법

스트레스는 누구에게나 존재한다. 하지만 그것을 어떻게 바라보느냐에 따라 완전히 다른 결과를 만든다. 스탠퍼드 대학의 심리학자 켈리 맥고니걸은 "스트레스 자체가 해로운 것이 아니라, 스트레스를 어떻게 해석하느냐가 중요하다"라고 말한다. 즉, 스트레스를 피할 수 없다면 그것을 성장의 기회로 삼는 것이 현명한 선택이다.

법은, 특히나 세법은, 너무 자주 변하는데 내 한 마디에 큰 돈이 왔다갔다하는 상황에 자주 처해서 종종 극심한 스트레스를 경험한다. 하지만 내게는 명상이라는 도구가 있어 그때마다 스트레스를 단순한 부담이 아닌, 나를 더 강하게 만드는 도구로 활용할 수 있다. 내가 스트레스 상황을 어떻게 다루고, 전환하며, 성장의 자원으로 삼을 수 있는지를 단계적으로 소개하고자 한다.

1. 스트레스를 있는 그대로 받아들이기

우선 스트레스가 올라올 때, 그것을 부정하거나 피하려고 하지 않는다. "나는 지금 스트레스를 느낀다"라고 스스로 인정하며, 그 감정을 억누르지 않고 자연스럽게 받아들인다.

2. 스트레스가 나를 강하게 만드는 요소임을 깨닫기

스트레스는 나를 더 집중하게 하고, 문제를 해결할 힘을 준다. "이 스트레스가 나를 어떻게 성장시키고 있는가?"를 스스로에게 질문해본다.

3. 스트레스를 에너지로 변환하기

심호흡을 하며 "나는 이 스트레스를 긍정적인 힘으로 바꿀 수 있다"라는 확언을 반복한다. 그리고 스트레스가 에너지가 되어 앞으로 나아가는 동력이 되는 것을 상상해본다.

스트레스는 부정적인 것만이 아니라 우리가 더 나아지도록 돕는 숨겨진 기회일지도 모른다. 마치 바람이 방향을 바꾸면 돛을 밀어 배를 앞으로 나아가게 하듯, 스트레스도 오히려 잘 다듬고 활용하면 삶을 움직이는 강력한 에너지로 전환할 수 있다.

4

성공을 설계하는 마음의 기술

승무원에서 변호사, 회계사, 세무사 자격증까지

과거를 다시 써야 미래가 열린다

사람들은 흔히 과거가 현재를 만들고 현재가 미래를 만든다고 생각하지만, 나는 그 반대라고 생각한다. 지금의 나, 현재의 정신 상태와 내면의 의식이 과거의 의미를 재구성하기 때문이다. 즉, 과거는 고정된 기록이 아니라 현재의 내가 재해석하는 살아있는 이야기다. 또한 미래와 연결되지 않는다면 현재는 아무 의미가 없다. 지금 내가 내리는 결정 하나하나는 결국 '내가 도달하고자 하는 미래'에 의해 영향을 받는다. 마치 등대처럼 미래는 현재의 항로를 비추어준다.

우리의 기억을 예로 들어보자. 기억은 고정되고 객관적인 데이터일까? 아니다. 기억은 현재 내 감정과 인식으로 필터링된 주관적인 해석일 뿐이다. 그래서 동일한 경험을 했어도 어떤 사람은 '실패'라고 부르고, 또 다른 이는 어떤 '전환점'이라 부르는 것이다. 이처럼 과거 사건의 해석이 달라지면 그 사건이 현재와 미래에 미치는 영향도 완전히 달라진다.

미셸 오바마는 시카고 로펌 사무소에서의 커리어를 '권위에 순응했던 시절'이라 회고하며, 그때의 선택으로 '진짜 내가 누구인지'를 발견했다고 말한다. 매일이 새롭고 다이내믹한 항공사 승무원으로서의 삶을 만끽하다가 어느 날 예고 없이 찾아온 구조조정으로 해고되었을 때 나는 큰 좌절을 경험했다. 그렇게 한순간에 우리를 '버린' 영국 항공에 대한 배신감에 분노했고 내 과거가 허탈했고 미래가 두려웠다. 세상이 무너진 것 같았다. 그러나 시간이 흘러 나는 그날의 사건을 '끝이 아니라 내 삶의 방향을 틀게 해준 축복의 순간'으로 재정의한다. 과거를 부정적인 이야기로 남겨두는 사람은 그 감정에 발이 묶인다. '나는 원래 이런 사람이야. 혹은 그때 그 일이 있었으니까 지금도 이럴 수밖에 없어.'라고 스스로에게 과거의 족쇄를 채운다. 그런 제한된 사고는 스스로가 설정한 제한된 미래로 우리를 끌고 갈 것이다.

그렇다면 과거를 바꾸는 힘은 어디서 오는가? 바로 지금, 내가 마음을 정하는 순간이다. 과거의 사건으로 지금 내가 어떠한 깨달음을 얻었다면, 과거의 아픔도 성장의 밑거름으로 다시 정의할 수 있다.

'그때는 고통스러웠지만, 결국 나를 일으킨 순간이었다.'

이렇게 스토리를 다시 쓰는 선택을 하면 된다. 결국 중요한 건 내가 어떤 과거를 가졌느냐가 아니라, 지금 그 과거를 어떤 이야기로 선택하느냐이다. 그리고 선택한 이야기를 오늘, 내일, 모레의 행동으로 살아내기 시작하면, 나의 현실은 점차 그 방향으로 재구성될 것이다.

과거는 고정된 사건이 아니라 지금 내가 부여하는 의미이며 새롭게 써나가는 이야기다. 그 이야기의 결말은 오늘의 선택이 결정한다. 그리고 과거를 새롭게 정의할 수 있는 사람만이 미래를 새롭게 창조할 수 있다.

시간은 흐르는 것이 아니라 구성하는 것이다

나는 오랫동안 시간을 숫자로 계산하며 살아왔다. 특히 법률 업계에서 시간이라는 건 '수익으로 환산 가능한 단위'라는 뜻이었다. 하루는 철저히 구획되었고, 타임시트의 분 단위가 내 존재의 가치를 정하는 듯 느껴질 때도 있었다. 시간을 아끼고 줄이고 효율화하려는 강박은 나를 발전시키기도 했지만, 끝내 탈진하게 만들기도 했다.

하지만 어느 순간부터 나는 시간을 전혀 다른 방식으로 바라보기 시작했다. 법의 세계는 시간을 선형적으로 다루지만 삶은 그렇지 않다는 것, 그리고 의식은 시간의 구조를 다르게 구성할 수 있다는 것을 체험으로 이해하기 시작했다. 물리학자들이 말하는 양자 시간 개념처럼 시간은 고정된 직선이 아니라 흐름이며, 한 시공간 안에 여러 가지 상태와 사건이 동시에 존재할 수 있는 것이다.

돌이켜보니 나도 시간에 공간과 일정을 퍼즐처럼 맞춰 넣으면서 시간을 최대한 늘려 살았던 때가 있다. 로스쿨 첫해를 풀타임으로 다니던 중이었다. 시험을 한 달 앞두고 대책 없이 삼성에 입사한 뒤, 학교를 갈 수 없어서 마지막 시험 준비 강의를 들을 수 없었다. 하루 종일 회사 업무에 집중해야 했기에 출퇴근길 기차 안에서 시험 준비를 했다. 그때 나는 한정된 시간은 고려하지 않고 얻고자 하는 결과를 마음에 걸어놓고 과정에 집중했다. 로스쿨 친구 캐서린이 매일 복사해서 우편으로 보내준 수업 노트를 받아 마인드맵을 변형해 만든 나만의 노트법으로 한 장에 정리했다. 자기 전에 그것을 머릿속에서 사진을 찍듯이 보면서 잠이 들었다.

그렇게 내 노트는 내 무의식까지 들어갔고 시험을 볼 때도 필요한 부분이 머릿속에서 사진처럼 펼쳐졌다. 로스쿨 2년 차는 파트 타임으로 퇴근 후에 다녔고 낮에는 풀타임 회사원, 주말엔 회계사 시험 준비생으로 살았다. 그 와중에도 수업이 없는 저녁에는 케임브리지 법대를 나온 내 스터디 버디와 함께 공부를 하거나 살사 춤을 배우며 에너지를 재충전했다. 바쁘지 않았던 날은 단 하루도 없었지만, 이상하게도 바쁠수록 더 많은 것을 할 수 있는 시간이 생기는 경험을 했다. 그리고 그 바쁨에 지치기보다는 살아 있음을 느꼈다.

사람들은 "그 많은 걸 어떻게 몇 년 새에 다 해냈어요?"라고 묻는다. 그 시절은 내게 시간은 한정되거나 흘러가는 것이 아니라, 내가 조율하고 재배치할 수 있는 구성물이라는 걸 온몸으로 배우던 시간이었다. 시간을 '절약'한 것이 아니라 '배치'를 바꿨기 때문에 바쁠수록 시간이 늘어났다. 회사에서 학교로, 다시 학원으로 향하는 삶은 단순한 루틴이 아니라 시간에 '공간을 끼워 넣는 연습'이었다. 기차로 통근하던 시간은 나만의 '이동 서재'였고, 점심시간은 조깅을 하거나 요가를 하며 몸을 단련시키는 짐(gym)이었다.

시간은 직물이다. 내 의도에 따라 직조된 하나의 '의식적 흐름'이다. 어떤 색과 결로 짜느냐에 따라 전혀 다른 하루, 전혀 다른 인생이 완성된다.

**의도는 나를 어디든 데려간다,
마음의 GPS 켜기**

사람들은 종종 내게 묻는다. "성인이 될 때까지 한국에서 살았던 사람이, 그것도 승무원 출신이, 어떻게 영국 로펌의 파트너가 되었나요?" 그 질문 속엔 늘 '믿을 수 없다'는 놀라움이 담겨 있다.

사실, 영국에서 변호사, 회계사, 세무사 세 개의 자격증을 준비하며 로펌에 입사하기까지의 과정은 화려함보다 버티기의 연속이었다. 당시 자격시험에 합격하더라도 영국에서 정식 변호사가 되기 위해서는 2년의 수습 변호사 기간을 거쳐야 했다. 로펌의 수습 계약(Training Contract)을 확보하기 위해 외국인인 나는 거의 100군데의 로펌에 지원서를 냈다. 하지만 그중에서 인터뷰에 응하라고 연락이 온 곳은 불과 열 손가락 안에 들었다. 수습 계약 경쟁률은 수백 대 일에 이르고, 로펌에서는 지원서의 철자 하나만 틀려도 자동 탈락을 시킨다고 했다. 매일 정신없이 공부하며 일을 하고 있지만 이루어진 것은 아무것도 없었다. 때론 과부하에 눈물이 났고, 때론 끝이 보이지 않아 멈추고 싶었다.

하지만 내가 그 몇 년을 견딜 수 있었던 이유는 단 하나, '의도'였다. 단순한 욕망이 아니라, '나는 이 사람이 되고 싶다'는 내 안의 깊은 의도, 그 의도는 나를 책상 앞에 앉게 했고, 수많은 실패 앞에서도 다시 도전하게 했다. 러시아의 바딤 젤란드(Vadim Zeland)는 "현실은 의도가 이끄는 대로 설계된다"고 말했다. 욕망은 목적지를 정하는 것이고, 의도는 그 목적지를 향해 운전대를 잡는 일과 같다. 나는 그때도, 지금도, 그 운전대를 손에서 놓지 않는다.

그리고 나는 매순간 미래의 나를 살아가기 위한 현재의 선택을 끊임없이 반복하며 '미래의 나'를 현재로 끌어와 살았다. 시험공부는 이미 변호사인 내가 오늘 해야 할 일이었고, 회사에서의 프레젠테이션은 '미래 파트너 윤유리'의 훈련이었다. 출퇴근 기차 안에서 만난 동료와 잡담을 나누다가도, 미래의 나에 대한 선물이라 생각하며 양해를 구하고 조용히 책을 펴곤 했다. 그것이 상대에 대한 예의이기도 했고, 내 삶에 대한 존중이기도 했다.

꿈은 멀리 있지 않다. 내가 먼저 그 사람이 되는 순간부터 시작된다. 오늘 하루만큼은 그 사람처럼 살아보자는 생각으로 365개의 하루를 살아보자.

복잡한 법률 자문을 명상으로
해결한 실제 사례

복잡한 세상의 복잡한 문제들

내가 다루는 일들은 단순한 계약서 한 장으로 끝나지 않는다. 종종 회사를 세우고, 나누고, 다시 묶어야 하는 구조조정과 같은 복잡한 자문을 한다. 자회사가 모회사가 되고, 새로운 홀딩컴퍼니를 세우거나 자산을 이리저리 이동시켜야 할 때, 세무 이슈는 복잡하고 디테일한 거미줄과 같고 내 자문은 그 안을 통과해 가장 효과적인 방법을 제시해야 한다.

처음 이 일을 시작했을 때는 당연히 힘들었고 지금도 쉽지는 않다. 쏟아지는 팩트들, 복잡하게 얽힌 이해관계, 회계 처리, 세무 이슈, 법적 리스크까지 모든 걸 동시에 고려해야 해서 머릿속이 터질 것 같을 때도 있다. 한 가지를 해결하면 또 다른 문제가 머리를 들이밀었고, 모든 걸 동시에 꿰뚫어보아야 하는 상황은 때때로 나를 압도했다. 하지만 그때마다 오히려 멈추어야 한다는 것을 배웠다. 잠시 멈추고 '다른 모드'로 들어가는 것이 내가 명상의 힘을 업무에 효율적으로 사용하는 방법이다.

복잡한 사고를
명상으로 정리하는 방법

나는 매일 복잡한 이슈 속을 헤쳐 나가야 한다. 수십 페이지에 달하는 계약서, 끊임없이 얽히는 이해관계, 한순간의 실수도 허용되지 않는 정교한 계산들. 그 속에서 나는 단순히 마음을 편하게 하기 위한 도구로 명상을 이용하지 않았다. 내게 명상은 내 사고를 정리하고, 미처 보지 못한 연결고리를 발견하게 하는 효과적인 비즈니스 도구였다.

내가 문제를 해결하는 방식은 조금 특별하다. 우선 모든 팩트들을 모은다. 클라이언트가 제공한 정보, 내부 회계 자료, 그룹 구조도, 관련 세법 조항 등 가능한 한 최대한 많은 조각을 모은다. 그 다음 그 조각들이 내 손 안에 있는 듯 천천히 살펴본다. 하지만 지금 당장 답을 찾으려고 애쓰지는 않는다.

'이 그룹의 구조를 어떻게 바꿔야 가장 리스크가 적을까?' '이 자산 이동은 어떤 세금 문제를 일으킬까?' '분사와 합병 중 어떤 구조가 더 효율적일까?'와 같은 여러 질문들을 던지며 나는 이 전체 상황을 하나의 큰 화두로 만든다.

그리고 가장 중요한 질문을 품은 채로 명상에 들어간다. 예를 들면 "이 구조를 가장 심플하게 풀어낼 방법은 무엇일까?"와 같은 것이다. 숨을 고르고, 생각의 파도를 가라앉히기 시작한다. 머릿속에 남아 있던 수많은 생각이 점점 가라앉고, 마음은 잔잔한 호수처럼 변해간다. 이때 내 뇌파는 자연스럽게 알파파나 세타파로 떨어진다. 긴장이 풀리고, 오히려 뇌는 훨씬 예민하고 민감해진다.

마치 노란색 지프를 사고 나면 길거리에서 노란 지프만 눈에 띄는 것처럼, 우리의 뇌는 '답'이 될 만한 것들을 자연스럽게 포착하기 시작한다. 퍼즐 조각처럼 흩어져 있던 정보들이 하나둘씩 제자리를 찾아 끼워지기 시작하면서, 연결이 보이고 흐름이 생긴다. 책상 앞에 앉아 머리를 싸매고 고민할 때는 보이지 않던 실마리들이 고요한 숨결 속에서는 놀랍도록 선명하게 떠오르곤 한다.

이렇게 문제 해결을 위한 명상을 할 때는 항상 노트북을 곁에 둔다. 그리고 명상 중 번뜩 떠오른 아이디어는 바로 타이핑한다. 때로는 키워드 몇 개로, 때로는 간단한 마인드맵으로 구조를 잡는다.

이렇게 명상을 한다고 아무것도 하지 않고 아무 생각도 하지 않아야 한다는 것은 아닌 것이다. 생각의 강이 흐를 때는 망설이지 않고 손을 움직인다. 명상 중에 떠오르는 생각은 잡념이라기보다는 직관이나 통찰에서 비롯된 생각이기 때문이다. 그렇게 수십 개의 흩어진 정보가 하나의 이야기로 엮이고, 한 편의 자문서로 재탄생하는 것이다. 나는 이런 식으로 사업 계획서도 작성하고 개인의 3년, 5년 라이프 플랜도 작성한다.

**생각이 아니라
상태가 답을 가져온다**

논리적 사고만으로는 해결할 수 없는 문제들이 많다. 따라서 복잡한 자문을 해야 할 때 생각하려고 하지 말고 답이 떠오를 수 있도록 상태를 만드는 것이 훨씬 효과적이다. 정리되지 않은 생각 속에서 계속 생각을 던져 넣는 것은, 이미 넘치는 강물에 구정물을 더 붓는 것과 같다. 그보다는 강물을 잠시 가라앉히고, 강바닥의 돌들을 들여다볼 수 있도록 만드는 것이 더 빠른 방법이다. 생각을 멈출 때 비로소 답이 들린다. 왜냐하면 고요 속에 있는 것은 단순한 공허가 아니라 가능성이기 때문이다.

나에게 명상이란 바로 그 과정이다. 명상을 활용하면 더 나은 결정을 내릴 수 있다. 이건 단순히 일을 더 잘하기 위한 방법뿐 아니라 내가 삶을 살아가는 방식에도 적용된다. 나는 어떤 결정이든, 어떤 선택이든, 조급하게 결론을 내리지 않는다. 질문을 품은 채 고요한 곳으로 내려간다. 그리고 답이 스스로 떠오르기를 기다린다.

삶에서도 우리는 늘 답을 찾으려고 허둥댄다. 하지만 답은 언젠가 준비가 되었을 때, 고요함 속에서 우리에게 다가온다. 우리의 충직한 뇌는 질문을 던지면 반드시 답을 찾으려 하기 때문이다. AI처럼 우리가 우리의 두뇌에 던지는 질문의 질이 높을수록 질 높은 해결책을 얻게 되는 것이다. 마음이 조급하거나 시끄러운 상태에서 하는 질문은 질이 높은 질문이 되기 힘들다. 따라서 평소에 질문을 하는 작은 명상 루틴을 만들어두면 질 높은 질문을 품고 살아가는 사람이 되는 데 도움이 된다. 이렇게 던져진 질문은 언젠가 가장 완벽한 답을, 가장 놀라운 순간에 가져다준다.

질문을 잘 하기 위한 명상은 거창할 필요가 없다. 바쁜 일상 속에서도 다음과 같은 작은 연습만으로도 충분하다.

- 아침에 일어나자마자 3번 깊게 숨 쉬며 마음속으로 질문을 품는다. 오늘 나는 어떤 하루를 살 것인가?
- 복잡한 일이 생겼을 때는 바로 해결하려 들지 않고, 잠깐 1분 동안 눈을 감고 심호흡을 하며 내 안에 여유 공간을 만든다.
- 이동 중(버스나 지하철, 혹은 걸을 때)에는 휴대폰을 내려두고, 단 하나의 질문만 가슴에 넣고 걷는다.

의사 결정을 해야 할 때도 의사 결정의 질을 높이기 위해 3단계의 명상법을 사용한다.

Step 1: 모든 논리적 정보 정리하기
Step 2: 명상 속에서 직관적 답을 얻기
Step 3: 논리와 직관을 조화시켜 최종 결정 내리기

답을 기다리는 힘을 배웠다면, 이제는 그 답을 현실로 움직이는 내면의 기술을 배워야 할 때다.

명상이 어떻게 전문성을 확장하고 성공을 도왔을까?

**정보가 아니라
프로세스가 경쟁력이다**

안타깝게도 아직 '좋은 대학을 나와야 성공할 수 있다'는 사고가 한국 사회에서 성공 공식으로 만연한 것을 본다. 하지만 세계 최고의 대학을 졸업해도 자신의 지식을 활용하지 못하면, 단지 '학벌 좋은 실업자'가 될 수도 있다. 성공은 지식의 양으로 결정되는 것이 아니라 태도와 프로세스가 만든다고 생각한다.

정보가 넘쳐나는 세상이다. 인터넷만 켜도 수십만 건의 자료가 쏟아진다. 지식은 이제 단순한 축적이 아니라 활용하는 데 진짜 가치가 있다. 모든 문제는 정보가 부족해서 생기는 게 아니기 때문이다.

변호사도 마찬가지다. 변호사의 전문성은 법을 많이 아는 것만으로는 충분하지 않다. 방대한 자료 중에서 고객에게 진짜 필요한 부분을 찾아내고, 그것을 최적의 솔루션으로 연결하는 능력, 바로 이 프로세싱 능력이 진짜 경쟁력이다. 고객이 원하는 것은 이미 나와 있는 지식을 잘 정리한 리포트가 아니다. 자신의 상황을 새롭게 바라보게 해주는 사고의 틀을 원한다. 정보를 정리하고 해석해 고객이 보지 못한 문제를 짚어주고, 고객조차 생각지 못한 길을 제시할 수 있을 때 비로소 '전문가'가 된다.

나는 명상을 통해 통찰력 있는 문제 해결 능력이라는 전문성을 키웠다. 명상은 복잡하게 흐트러진 정보 조각들이 한순간에 '탁' 하고 맞춰지는 경험을 하게 해주었다. 명상으로 얻은 차분한 시야 덕분에 더 빠르고 깊게 문제를 파악할 수 있었고, 고객이 미처 인지하지 못한 위험 요소까지 사전에 발견할 수 있는 통찰력이 생겼다. 논리와 직관이 손을 잡고 일하는 순간 한계를 넘어서는 해결책이 나오기 때문이다.

이렇게 명상은 내가 단순한 '지식 서비스 제공자'가 아닌, 고객의 미래를 함께 설계하는 '비즈니스 파트너'로 확장하고 전문성을 기르는 데 도움이 되었다.

**전문성은 고객을 넘어
사회로 이어진다**

많은 이들이 성공을 돈이나 명성으로 정의한다. 그러나 내게 진정한 성공은 내가 성장하는 동시에 다른 사람의 성장에 기여하는 것이다.

변호사라는 직업은 겉으로 보면 계약서나 문서를 다루고 소송을 하는 고급 지식 노동직처럼 보일 수 있다. 사실 한때 나도 그렇게 생각하면서 직업에 대한 회의를 느낀 나머지 법조계를 떠날 결심을 한 적도 있다.

하지만 의식이 성장하면서 내 직업도 다른 관점으로 바라보게 되었다. 내 일은 고객이 법률 리스크를 줄이고, 사업을 확장하며, 더 큰 가치를 창출하는 것을 돕는 일이라고 본다. 그리고 그 과정을 통해 그들이 더 나은 결정을 내리고, 더 건강한 비즈니스를 운영하도록 지원하는 일이다. 더 나아가 고객이 단지 눈앞의 이익을 넘어 근본적인 가치를 볼 수 있게 하는 통찰력을 주는 자문이어야 한다고 생각한다. 결국 그것은 사회 전체에 긍정적인 파문을 일으키는 일이다.

명상은 내게 이 관점을 더욱 깊게 심어주었다. 일상의 바쁨과 긴박함 속에서도 나는 가끔씩 멈추고 지금 이 일을 통해 세상에 무엇을 더하고 있는지를 돌아보려 노력한다.

내게는 법적 지식이 많거나 사회적인 인정 혹은 높은 연봉 등의 외부적인 조건만으로는 이 일을 하는 동기 부여가 되지 않는다. 고객의 언어를 듣고, 고객이 두려워하는 부분을 알아차리고, 때로는 고객이 요청하지 않은 것까지 먼저 제안할 수 있어야 한다고 생각한다. 그럴 때 고객은 단순한 법률 조언을 넘어, '나를 진심으로 생각하는 파트너'를 만났다고 느낀다.

그리고 그 진심은 사회로 확장된다. 하나의 기업이 건강하게 성장하면, 그 기업은 수많은 사람들의 삶에 긍정적인 영향을 미친다. 이 작은 연결고리들이 모여 결국 세상이 조금 더 나아지는 데 기여할 수 있다고 믿는다.

도달하고 싶은 미래에서
필요한 것들을 지금 만들어간다

명상을 하면서 깨달은 것 중 하나는 생각이 아니라 시야를 바꾸고 내 존재 자체를 바꾸는 것이 먼저라는 점이다. 내가 지금 할 수 있는 일에서 시작하면 할 수 없는 이유가 먼저 보인다. 시간, 리스크, 비용, 이해관계자 등의 틀에 갇히면 결국 기존 방식을 약간 수정하는 정도로 끝난다. 그런데 미래에서 시작하면 이야기가 달라진다. 고객이나 내가 최종적으로 이루고 싶은 상태를 먼저 상상하고 그곳에서 현재까지를 거꾸로 따라오다 보면, 놓치고 있던 기회나 다른 길이 눈에 띄기 시작한다. 이것이 바로 간다 마사노리가 '역산사고'에서 말하는 백캐스팅(backcasting)이다. 지금을 기준으로 가능성을 따지는 포캐스팅(forecasting)이 아니라, 도달하고 싶은 미래에서 필요한 것들을 하나씩 꺼내오는 방식이다.

세계적인 운동선수들도 이 백캐스팅 방식을 써서 마인드 트레이닝을 한다. 그들은 우선 맨 처음에 '시상대에 올라 서 있는 자신을 생생하게 상상'하는 이미지 트레이닝을 한다. 거기에 서서 계양되는 깃발을 바라보면서 주변의 커다란 환성을 듣고 가슴 깊은 곳에서 솟아오르는 기쁨과 달성감과 뚫고 올라올 것 같은 고양감을 느낀다. 그리고 그 미래에 이르는 길로써 어떤 점수를 돌파할 필요가 있는지, 어떤 기량을 장착해둬야 하는지, 어떤 경험을 쌓아 둘 필요가 있는지, 그 점수, 기량, 경험을 달성하기 위해 어떤 행동을 해나가면 좋을지를 계획한다.

일론 머스크도 새로운 프로젝트를 시작할 때 먼저 '최종적인 미래'를 결정한 후 현재로 돌아와 실행 계획을 만드는 것으로 알려져 있다. 그는 "먼저 미래를 확정하면, 현재는 그것을 맞춰 가게 된다"고 말한다.

대형 로펌의 파트너로 조인하도록 오퍼를 받았을 때 로펌 경영진이 내게 기대한 것은 고객 업무만 잘 해내는 사람이 아니라, 이 조직이 어디로 가는지 읽고 시너지를 만들고 미래를 설계할 수 있는 파트너였다. 내가 조인하자마자 나의 역량뿐만 아니라 내가 로펌의 전략에 어떻게 시너지를 낼 것인지를 담은 프레스 자료를 여러 미디어에 발표하는 것을 보고 숨이 턱 막혔다. 처음에는 단기에 성과를 보여줘야 한다는 부담감에 무엇부터 시작할지조차 생각나지 않았다. 이 도전을 극복하기 위해 나는 백캐스팅 방식을 선택했다. 단기 목표를 잘게 나누고 쌓아 올리는 포캐스팅 방식은 늘 '현재'를 출발점으로 삼기 때문에 한계를 갖기 때문이고, 내 두려움을 해소해 주지 못 한다는 걸 알고 있기 때문이었다.

나는 눈을 감고 명상에 들어갔다. 그리고 아주 구체적인 미래를 그렸다. 3년 뒤 내가 속한 로펌의 파트너들이 "당신의 탁월함 때문에 우리 로펌이 가치 높은 서비스를 제공하게 되었고 고객들이 더 만족하게 되었어요."라고 말하는 장면, 회의실에서 환하게 웃는 동료들의 얼굴, 함께 만들어낸 성과, 새롭게 정립된 업무 프로세스, 나를 신뢰하며 조언을 구하는 나의 팀원들, 그 중심에서 고요하고 흔들림 없이 앉아 있는 나 자신을 떠올렸다. 명상 속에서 그 미래는 단순한 환상이 아니었다. 내 오감이 그것을 실시간으로 '살고' 있었다.

3년 뒤의 내 미래가 뚜렷해지자, 그 미래를 현실로 만들기 위해 1년 뒤에는 어떤 리더십 역량을 갖춰야 할지, 어떤 고객을 유치해야 할지, 어떤 성과를 만들어야 할지 분명해졌다. 1년 뒤의 미래를 위해서는 3개월 뒤에는 어떤 프로젝트를 제안하고, 1개월 뒤에는 누구와 어떤 대화를 시작하고, 오늘은 무엇에 집중해야 할지까지 명확해졌다.

계획을 성공시키는 열쇠는 첫 번째, 목적지가 정해져 있을 것, 두 번째, 거기에 이르는 길 순서가 보일 것, 세 번째, 그것을 달성하기 위해서는 무엇을 하면 좋은지 알고 있을 것, 네 번째, 그것을 담담하게 해내는 에너지가 있을 것이라고 한다. 백캐스팅 방식을 이용하면 이 모든 요소가 생생해져서 계획이 성공할 가능성이 높아진다.

나는 이 방식을 삶의 모든 부분에 이용하며, 이렇게 명상 속에서 그려낸 미래는 하나의 나침반이 되어 복잡한 선택의 순간마다 방향을 잃지 않게 해준다.

명상이 어떻게 직장, 비즈니스, 창업, 리더십과 연결될 수 있는가?

비즈니스는 선택의 연속이고 명상을 활용하면 최선의 결정을 내릴 수 있다. 지금 눈을 감는 10분이, 가장 분명한 선택을 만드는 첫걸음이 될 수 있다.

**아침 10분,
나를 리셋하는 시간**

워킹맘으로 살며 직장인이자 리더로서의 삶을 병행하는 것은 늘 전력질주하는 느낌이다. 출근하기도 전에 아이 아침을 챙기고, 등교시키며 흘리는 시간들 속에서 이미 에너지는 바닥을 드러낸다. 회사로 향하는 길 위에서 종종 이렇게 생각했다.

'이대로 하루가 시작되면 나는 또 반응만 하다 끝나겠지.'

내 의지와 상관없이 휘말리는 하루를 살지 않기 위해 아침에 항상 10분이라도 명상을 한다. 하지만 아침에 10분을 멈추는 것조차 힘들 때가 많다. 명상은 가만히 앉아서 해야만 하는 것은 아니다. 나는 주로 아침 조깅을 하거나 출근길에 걷거나 기차나 대중교통을 이용할 때 휴대폰을 보기보다는 내 내면과 연결한다. 그렇게 '출근 전에 나를 먼저 만나는 시간'을 확보하는 것은 어렵지 않다. 이 시간에 눈을 감고 그날의 중요한 회의, 대화, 결정들을 마음속으로 시뮬레이션해보며 내 감정을 미리 다듬고 흐름을 설계해본다. 이 소중한 10분이 반응하지 않고 선택하며 사는 감각을 느끼게 하고 하루의 방향을 바꿔놓는다.

〈허핑턴 포스트〉 창시자 아리아나 허핑턴은 번아웃으로 쓰러진 이후 자신의 삶에 명상을 도입했다. 그것이 〈허핑턴 포스트〉를 넘어 'Thrive Global'이라는 회사를 만들게 했다고 말했다. 그 또한 매일 명상으로 하루를 리셋한다. 내 삶도 마찬가지다. 명상이 없던 시절 아침은 늘 쫓기고 부족한 에너지로 버티는 시간이었다면, 지금의 아침은 '하루를 주도하는 리허설'이다. 그 차이는 단지 하루를 살아가는 에너지가 달라지는 것뿐만 아니라 하루를 대하는 태도와 하루 동안 하는 선택의 차이이다.

리더의 보드룸에는
누구를 앉히고 있는가?

우리는 모두 리더이다. 큰 조직에서뿐만 아니라 가정에서 리더일 수 있고 작은 조직에서도 혹은 각자 삶의 리더이다. 리더가 된다는 건 매일 수십 개의 선택을 내려야 한다는 뜻이다. 때로는 누구도 답을 알려주지 않는 상황에서 결단을 내려야 하고, 감정적으로 흔들리는 팀원들을 품으면서도 중심을 잃지 않아야 한다. 그런 순간마다 나폴레온 힐이 소개하고 내가 나에게 맞게 개조한 '보드룸 명상'을 한다.

보드룸 명상이란, 나만의 내면 회의실에 존경하는 이들을 초대해 가상회의를 여는 명상법이다. 나는 그 자리에 붓다, 예수, 나의 멘토, 의견을 듣고 싶은 한두 사람, 팀의 미래를 대표하는 상징적인 존재를 앉힌다. 보드 멤버들에게 같은 질문을 던지고 각각의 답을 경청한다. 그렇게 상상의 보드룸에서 들려오는 답을 듣고 있노라면 명확하지 않던 마음이 가라앉고 중심이 잡히곤 하는 경험을 한다.

헤지펀드 브리지워터의 창립자 레이 달리오는 그의 책 《원칙(Principles)》에서 명상이 그의 성공에 큰 역할을 했다고 설명하며 리더의 최고의 무기는 명상임을 보여주었다. 그는 혼란스러운 시장 상황에서도 명확한 판단을 내리는 데 명상이 도움이 된다고 여러 차례 언급했다. 40년 넘게 하루에 두 번 명상을 하며 수많은 투자 결정과 조직 운영을 이끌어왔다고 한다. 그가 명상을 통해 터득한 것은 잡음 속에서도 중심을 잃지 않는 힘이다.

내게도 명상은 나만의 리더십 도구가 되었다. 갈등을 조율하고, 위기를 기회로 전환하며, 각자의 재능이 빛날 수 있도록 돕는 리더십의 시작은 언제나 내면의 조율에서 출발한다.

창의성과 직관,
그 무의식의 창을 여는 힘

비즈니스 세계는 본질적으로 불확실성의 연속이다. 특히 창업가와 크리에이터들은 매일 새로운 문제와 마주하고, 이전에 없던 방식으로 해답을 찾아야 한다. 이때 가장 중요한 역량은 정보보다 직관, 정답보다 창의다. 생각과 명상이 만나 새로운 해답을 끌어올리는 나의 명상 기법을 'thinktation(생각+명상)' 혹은 'insightation(통찰+명상)'이라 부르는 이유다.

명상은 뇌파를 안정시켜 무의식 깊은 곳에 접속하게 만든다. 그 안에는 내가 미처 의식하지 못했던 연결, 경험, 가능성이 숨어 있다. 예를 들어, 나는 중요한 제안서를 앞두고 명상에 들어간다. 고객의 숨겨진 니즈, 회사의 전략적 맥락, 시장의 흐름과 같은 팩트를 떠올리며 고요히 질문을 던진다. '지금 가장 필요한 건 무엇인가?' 이 질문이 깊이 침잠되면, 어느 순간 한 줄의 통찰이 떠오른다. 그것이 바로 나만의 창의다.

창의적 사고를 위한 명상 실습도 어렵지 않다. 눈을 감고 내가 해결하려는 문제를 조용히 떠올린다. 억지로 답을 구하려 하지 말고, 질문만 심어둔 채 호흡에 집중한다. 그러다 보면 어느 순간 새로운 시선이 스며든다. 창업가와 크리에이터들이 명상을 습관으로 삼는다면 불확실성을 받아들이되 방향을 잃지 않게 만드는 힘을 가지게 될 것이다.

자기계발과 명상의 상관관계

반영 없는 발전은 없다
리플렉테이션 명상

자기계발이란 스스로를 관찰하고 수정해나가는 반복의 기술이다. 자기계발을 위해 나는 매일 하루를 반영하고 정리하는 'Reflection(reflection: 반영+ meditation: 명상)'이라는 명상 루틴을 만들었다.

먼저 하루 동안 있었던 감정과 행동을 떠올린다. 그리고 그날 있었던 실패나 실수를 직면하고 그 경험에서 배울 점을 찾는다. 하루 동안 있었던 성공을 떠올리며 왜 성공이라 경험되는지 고찰한다. 마지막으로, 내일의 내가 오늘보다 조금 더 나아지기 위해 어떤 행동을 실천할지를 스스로에게 묻는다.

이렇게 하루 한 가지씩 개선점을 정하고 실천해간다. 예를 들어, 오늘 회의 중에 내가 동료의 말을 잘 듣지 못했다는 것을 발견했다면, 내일은 경청에 더 집중하는 것을 실천 항목으로 정한다. 이러한 작은 성찰은 나를 매일 조금씩 더 정교하게 다듬는다. 오늘 나를 정직하게 돌아볼 수 있다면, 내일은 반드시 더 나아진다. 그리고 가끔씩 현재의 내 모습을 5년 전의 내 모습과 비교해 적어보면 내가 그동안 얼마나 큰 성장을 해왔는지 알 수 있다.

창조적인 문제 해결을 원한다면, 먼저 자신을 확장해야 한다. 어떤 문제든 내가 작을 때는 커 보이지만, 내가 성장하고 시야가 넓어지면 같은 문제도 작아 보이기 시작한다. 내 우주 명상을 꾸준하게 하면 명상은 이 '확장된 존재'를 만들어준다. 명상을 통해 감정이 잦아들고, 자기 인식이 깊어지면 내면에서부터 해결의 실마리를 찾게 되는 것이다.

창의성은 비워진 공간에서 탄생한다

급변하는 현대 사회를 살아가기 위해 가장 중요한 특성 중 하나인 창의력은 타고나는 것일까? 나는 창의력은 훈련할 수 있고, 명상은 그 훈련을 위한 최고의 도구라고 생각한다.

영국에 유학 와서 제일 힘들었던 부분이 이 창의력이었다. MBA 과정을 할 때 아무리 강의 내용을 잘 이해하고 열심히 예습 복습을 해도 과정을 따라가기가 힘들었다. 그 이유는 강의를 한 시간 들으면 한 시간은 소그룹으로 특정 주제에 대해 케이스 스터디나 토론을 해야 했고, 한 시간은 각 팀의 결론을 전체 클래스에 발표하고 전체 토론을 했기 때문이다. 주입식 교육에 익숙했던 내게 그 소규모 토론을 하거나 아이디어를 내는 시간은 고통스럽기까지 했다. 유럽에서 온 동료들은 무릎을 탁 치게 하는 아이디어를 쉽게 끌어내고 그에 대한 토론을 하는데, 나는 아무리 열심히 머리를 쥐어짜며 생각해도 아무 생각이 나지 않았다. 그러니 토론에는 참여조차도 못하기가 일쑤였다.

당연한 것이, 우리가 진짜로 창의적인 아이디어를 떠올리는 순간을 돌이켜보면 그것은 치열한 집중 속이 아니라 어딘가 명해졌을 때, 무의식의 깊은 곳에서 튀어나오는 경우가 많다. 샤워를 할 때, 산책 중에, 잠자기 전 침대 위에서 말이다. 초현실주의 화가 살바도르 달리는 '잠과 현실 사이의 문턱'에서 창조적 영감을 얻었다고 말한다. 마찬가지로 아이작 뉴턴이 사과나무 아래에서 중력의 법칙을 착안하게 된 것도 단순한 관찰이 아니라 자연의 원리를 깊은 사색을 통해 탐구했기 때문이라고 한다.[18]

명상은 이러한 '비워진 상태'를 의도적으로 만드는 도구이다. 뇌파가 베타 상태에서 알파파, 세타파로 전환되면 우리의 사고는 더욱 느슨해지고, 기존의 연결 방식에서 벗어나 전혀 다른 발상들이 떠오른다. 이는 과학적으로도 증명되었다. 뇌가 휴식 상태일 때 기본 모드 네트워크(Default Mode Network: DMN)가 활성화된다고 한다. 이 영역은 창의적 사고와 직결된다.

기본 모드 네트워크는 우리 뇌가 특별한 외부 과제에 집중하지 않을 때, 즉 '휴식 상태'에 있을 때 활성화되는 뇌 영역들의 네트워크이다. 이 DMN이 활성화될 때 우리 뇌는 자유롭게 떠돌며 다양한 생각들 사이를 연결하며 이러한 상태는 새로운 아이디어나 예상치 못한 연결을 발견하는 데 중요하다.

이런 이유로 명상, 산책, 샤워중 등 마음이 편안하게 방황할 수 있는 상태에서 종종 좋은 아이디어가 떠오르는 경우가 많은 것이다. 이렇게 명상 상태에서는 기존의 프레임을 무너뜨리고, 새로운 연결을 시도해 사고 패턴을 다시 디자인하는 것이 가능해진다. 이는 삶 전체를 창조적으로 바꿀 수 있게 한다.

통찰력은 자기계발의 가속기, 통찰 명상

종종 진정한 성장은 실수에서 깨달은 하나의 통찰에서 시작된다. 지식은 넘쳐나고 정보는 쉽게 손에 닿지만 진짜 문제를 해결하고 삶을 바꾸는 데 필요한 것은 외부 정보가 아니라 내면에서 끌어올린 통찰이기 때문이다.

통찰을 키우기 위한 의도적인 연습으로 나는 통찰 명상(Insightation: Insight: 통찰+meditation: 명상)을 한다. 특정 질문이나 고민을 안고 명상에 들어간다. 이때 억지로 생각하거나 답을 만들어내려 하지 않고 단지 그 질문을 마음속에 품은 채 조용히 호흡하고 고요 속에 머문다. 그러다 보면 마치 물결 속에서 빛이 반사되듯 문득 깨달음이 떠오르곤 한다. 그 통찰은 나의 경험, 지식, 감정들이 유기적으로 연결되어 만들어진 응축된 메시지다. 이 통찰 하나가 새로운 아이디어가 되기도 하고, 오래된 문제를 단숨에 풀어버리기도 한다. 직장에서의 기획안, 관계의 해석, 인생의 방향성 등 다양한 문제의 핵심이 이 통찰을 통해 명확해진다.

이렇게 통찰 명상은 내면을 조율하는 의식적인 시간이며, 나 자신에게 방향을 묻는 시간이다. 반복할수록 자가 피드백 능력이 향상되고, 자기계발의 가속도가 붙는다.

목표를 이루기 위한
마인드셋 구축

알을 깨는 통증을 견디는 용기

목표를 이루기 위해선 먼저 스스로의 틀을 깨야 한다. 성공은 거창한 계획이나 강력한 의지의 결과라기보다는 계속 성장하겠다는 태도로 출발한 꾸준함의 결과라고 생각한다.

병아리가 알을 깨고 나오기 위해서는 안팎에서 동시에 힘이 가해져야 한다. 안에서 병아리가 끊임없이 두드리고, 밖에서는 어미닭이 응답해야만 껍질은 비로소 깨진다. 변화 역시 마찬가지다. 내면에서 '더 나아지고 싶다'는 의지가 있어야 하고, 외부에서도 나를 향한 자극과 기회가 있어야 한다.

하지만 이 과정은 결코 편안하지 않다. '지금 이대로도 괜찮은데 굳이 바꿔야 할까?' '이번 생은 여기까지만 하자' 등등 내가 겪었던 가장 치열한 내적 갈등은 바로 이런 내면의 속삭임이었다. 삶의 어떤 부분이든 내가 멈추는 그 지점이 바로 내가 만들어 놓은 한계이다. 그러나 한계를 깨고 나온 그 순간, 전혀 다른 시야와 가능성이 펼쳐진다. 좁고 익숙한 알 안에서의 꿈과 세상 밖 날개를 펼친 병아리의 꿈은 같을 수 없지 않은가. 이렇게 우리는 매일의 선택을 통해 자신의 껍질을 깨고 있는 것이다.

그래서 나는 매일 밤 하루를 마무리하며 성찰의 시간을 갖는다. "오늘 나는 무엇을 새롭게 배웠는가?", "누군가를 웃게 했는가?", "어제보다 나은 내가 되었는가?" 이런 질문들은 내 안의 성장 마인드셋을 키우는 영양분이다. 작은 질문이 모여 변화의 방향을 결정하고 그 누적된 성찰이 결국 목표를 현실로 만드는 원동력이 된다. 자신의 껍질을 깬 사람만이 진짜 세상에서 진짜 꿈을 꿀 수 있다.

**무의식의 회로를
다시 짜는 리셋 연습**

목표 달성의 걸림돌은 외부가 아니라 대개 내 안에 있다. 우리는 수십 년간 쌓아온 사고 패턴 속에 갇혀 산다. 그래서 우리는 같은 감정을 느끼고, 같은 판단을 하고, 같은 실패를 반복해서 경험한다. 이는 두뇌 안에 '자동 반응 고속도로'가 생겨버렸기 때문이다. 그래서 조금만 스트레스를 받아도 늘 하던 방식으로 도망치고, 조금만 무서워도 늘 하던 변명으로 피하게 된다.

명상은 이 회로를 끊어내는 '무의식 리셋'의 시간이다. 명상이 일상화되면 부정적인 감정이 올라올 때 억누르지 않고 그저 알아차릴 수 있다. 그 감정은 존재 자체로 인식되기를 원하는 것이므로, 감정이 사라지기를 기다리는 것이 아니라 비판이나 판단 없이 그냥 바라보면 된다. 이 단순한 관찰이 반복되면 자동화된 회로는 점점 희미해지고 새로운 선택의 여지가 생긴다.

나는 하루에도 여러 번씩 감정 스캐닝을 한다. 눈을 감고, 내 몸과 마음에서 일어나는 작은 움직임을 느낀다. 이 루틴은 단순한 감정 조절을 넘어 내가 어떤 생각을 반복하며 어떤 삶을 만들고 있는지를 보여주는 거울이다. 내면의 눈으로 자신을 자주 바라볼수록 현실을 바라보는 눈도 점점 선명해진다.

목표 달성의 핵심, 확장된 가능성의 시야

목표는 도달해야 하는 지점이지만, 목표를 향한 여정에서 가장 중요한 것은 가능성의 시야를 확장하는 일이다. 우리의 마음은 보통 익숙한 패턴 속에서만 미래를 상상한다. 그러나 진정한 도약을 위해서는 이 익숙함의 경계를 넘어서야 한다. 명상은 이 경계를 허무는 강력한 도구다.

깊은 호흡과 함께 하는 10분의 명상에서 우리 뇌는 베타파에서 알파파로 전환된다. 이 알파파 상태에서는 평소 접근하기 어려운 창의적 아이디어와 해결책이 떠오른다. 나는 이 상태를 '가능성의 문이 열리는 순간'이라고 부른다. 여기서 과거의 실패가 아닌, 아직 도달하지 않은 미래의 성공을 선명하게 상상할 수 있다.

매일 아침 명상을 통해 내 목표를 향한 의도를 세우고, 그것이 이미 이루어지는 과정을 경험하며 감사함을 느끼는 연습은 내 무의식에 방향성을 심어주는 과정이며, 하루 종일 나의 선택과 행동에 영향을 미치는 숨은 나침반이 된다. 목표를 이루는 마인드셋의 비밀은 '어떻게'가 아닌 '무엇을' 혹은 '왜'에 집중하는 데 있다. 방법은 다양할 수 있지만, 명확한 목적지가 있을 때 우리의 잠재의식은 그곳을 향해 길을 찾아낸다.

일의 몰입도를 높이는
명상의 역할

　몰입(flow)은 일에 완전히 빠져들어 시간이 멈춘 듯한 경험을 하는 상태다. 스티븐 코틀러(Steven Kotler)에 의하면, 몰입이란 시간 가는 줄 모르고 외부의 방해 없이 오직 눈앞의 과업에만 깊이 빠져들어 나의 에고가 사라지는 순간이다. 헝가리 출신의 심리학자 미하이 칙센트미하이(Mihaly Csikszentmihalyi)는 여러 문헌들을 통해 이 플로우 상태를 '최고의 퍼포먼스를 이끌어내는 최적의 경험'이라 정의했다. 즉, 몰입을 통해 인간은 최고의 성과와 행복을 경험한다고 말했다.[19] 그의 연구에 따르면 몰입 상태는 명확한 목표(clear goals), 즉각적인 피드백(immediate feedback), 도전과 기술의 균형(balance between challenge and skill), 행동과 인식의 일치(merging of action and awareness), 자의식의 소멸(loss of self-consciousness), 시간 감각의 변화(transformation of time), 과제에 대한 집중(concentration on task at hand), 통제감(sense of control), 자기 목적적 경험(autotelic experience) 등이 동시에 작동할 때 이루어진다고 한다. 이 상태는 운 좋게 찾아오는 것이 아니라 훈련될 수 있다. 명상은 몰입 상태로 진입하는 관문이 된다. 몇 분간의 호흡 명상은 뇌의 감각 시스템을 정돈하고 불필요한 잡음을 차단하며, 나를 지금 이 순간에 머물도록 돕는다.

또한 명상은 두뇌의 기본 모드 네트워크(Default Mode Network)를 조절해 창의성과 문제 해결 능력을 높인다. 이 뇌 회로는 우리가 아무것도 하지 않을 때 활발히 작동하는데, 명상은 이 회로를 조절해 몰입 상태를 가속화한다. 이렇게 명상을 도구로 몰입을 단지 좋은 느낌이 아닌 실질적 성과 향상의 전략으로 만들 수 있다. 그 과정은 마치 스위치를 켜는 것처럼 뇌를 플로우 상태로 전환시킨다.

명상이 일상화되면서 나는 이 몰입의 골든 존에 하루에도 몇 번씩 진입할 수 있게 되었다. 덕분에 내 업무 속도와 질은 현저히 달라졌다. 예를 들어 나는 중요한 미팅 전 항상 짧은 명상을 통해 그 미팅이 성공적으로 진행된 상황의 내 모습과 감정을 오감을 통해 느낀 후 그 미래의 존재로 미팅에 임한다. 그 몇 분이 나를 진정시키고 집중력을 증폭시켜 몰입하게 만든다. 업무를 할 때는 그 업무를 하는데 드는 시간을 예상하고 시간이 빨리 흐르는 상상을 통해 업무의 효율성을 높인다. 반대로 요가를 하거나 그림을 그리거나 자연 속에 있을 때는 시간이 천천히 흐르는 느낌을 느끼며 순간순간을 최대한 만끽한다. 때로 주말여행을 하고 왔을 뿐인데 일주일이 지난 것 같은 느낌이 드는 것은 매순간의 경험에 현존했기 때문이다.

현존과 시간 관리_
짧은 명상이 만드는 긴 여운

바쁜 직장인들에게 가장 결핍된 것은 '현재에 존재하는 능력'이다. 미래를 걱정하며 과거를 후회하는 사이 현재는 늘 도망친다. 그렇게 내 주변의 많은 사람들이 단 하루도 현존하지 않고 미래와 과거에 살다가 불안과 후회 속에서 생을 마감하는 것을 본다. 하지만 모든 것이 연결되어 있고 시간과 공간은 우리가 생각하는 것처럼 분리된 것이 아니라는 것을 알게 되면 현존이 그리 어려운 개념은 아니다. 특히 나는 시간을 내 의도대로 쓸 수 있는 시간 마스터리에 관심이 많다. 우리가 알고 있는 시간의 개념은 편의상 인간이 만든 개념이며 시간에 대한 주관적 경험을 늘이고 줄이는 것은 우리의 의도로 조절이 가능하다.

시간 마스터리는 '지금 이 순간에 온전히 머물 수 있는 힘, 즉 현존하는 능력'에서 시작된다. 현존(presence)은 단순히 멍하니 있는 것이 아니라, 지금 나의 감각과 의식을 하나로 모으는 적극적인 행위다. 명상을 계속 하다 보면 우리는 이 기술을 훈련할 수 있다. 내가 현존을 연습하기 위해 했던 방법은 아주 간단하다. 매일 한 시간에 한 번씩 알람을 맞춰 놓고 1분간 멈추고 호흡하며 지금의 감정과 생각을 점검해보는 것이다. 단언컨대 이 1분이 쌓이면 현존의 경험에 익숙해지고 일의 몰입도가 눈에 띄게 향상된다.

이런 훈련을 통해 내 에너지도 재정렬할 수 있다. 특히 내가 속한 조직의 에너지의 중심을 잡는 리더라면 먼저 자신의 에너지를 다스릴 수 있어야 한다. 이렇듯 리더십과 시간 관리, 몰입이라는 세 가지는 명상을 통해 유기적으로 연결된다.

**리듬을 만드는 루틴이
몰입력을 결정한다**

하루를 지배하는 사람은 시간을 지배하는 사람이고, 시간을 지배하는 사람은 몰입 루틴이 있다. 앞서 이야기했듯이, 몰입은 의지로 되는 게 아니라 반복과 습관으로 만들어진다. 명상은 그 몰입을 가능하게 하는 뇌의 근육 운동이다.

우리는 매일 수백 가지 생각을 동시에 떠올리며 살아간다. 출근길에 업무 이메일이 머리를 스치고, 회의 중엔 해야 할 집안일이 생각난다. 출근 전 혹은 출근길이나 조깅 중에 하는 아침 명상은 하루 전체의 에너지 방향을 결정짓는다. 단 10분간 눈을 감고 호흡에 집중하는 것만으로도 오늘 내가 집중할 일 한

가지가 분명히 떠오르고 마음이 중심을 잡게 된다. 이렇듯 하루를 시작하는 아침 10분 명상은 집중력을 위한 공간 확보다. 스마트폰을 충전하듯, 이 짧은 시간은 하루 전체의 몰입 에너지를 만들어낸다.

바쁜 일상을 보내다 보면 바로 눈앞의 현상이나 각종 잡음에 집중력을 잃고 현존을 놓치게 된다. 이때 위에서 이야기한 1시간마다 알람을 맞추고 1분 동안 생각을 바라보는 훈련을 한다. '아, 이런 생각도 있었구나' 하고 스쳐 지나가게 두면 어느새 마음은 조용해지고 몰입할 준비가 된다. 조금 더 여유가 있는 저녁 시간에는 이런 생각들을 정리하는 방법으로 일론 머스크(Elon Musk)가 사용한다는 '브레인 덤프(Brain Dump)'를 추천한다. 마치 덤프트럭이 모든 짐을 쏟아내듯, 마음속을 가득 채운 잡생각을 종이에 쏟아내거나 명상으로 흘려보내는 것이다.

인간의 뇌는 복잡한 연산장치이기에 수시로 과열되고 산만해지기 쉽다. 이렇게 브레인 덤프를 통해 덜 중요한 생각들이 빠져나가면, 진짜 중요한 결정에 더 많은 집중을 할 수 있게 된다.

이렇듯 명상은 시간을 빼앗지 않고 오히려 시간을 돌려주는 마법 같은 습관이다. 이렇게 하루의 리듬 속에 명상이 자연스럽게 들어오면 뇌는 그 리듬을 기억하고 스스로 준비한다. 마치 운동선수가 경기를 앞두고 몸을 푸는 것처럼, 명상은 일에 몰입하기 위한 워밍업이다.

성공한 사람들의
비밀 루틴

영국에 살면서 경험한 것 중 하나는 명상이 더 이상 일부 사람들의 특권이나 대안적인 삶의 방식이 아니라는 점이다. 기업의 CEO들, 고위 임원들, 투자 전문가들, 심지어 초등학생들까지도 명상을 일상적으로 실천한다. 비즈니스 미팅에서 매일 명상을 한다거나, 명상이 어떻게 뇌의 회로를 바꾸고 업무 및 삶의 효율성을 높이는 데 도움이 되는지에 깊은 관심을 보이는 CEO를 만나는 것은 흔한 일이 되었다. 영국의 초등학교에서는 명상이 정규 수업으로 진행되며, 부모들은 아이들이 그 시간에 '공부나 더 시켜라'는 식의 반응을 하지 않는다. 아이들의 마음을 가다듬고 집중력을 키우는 데 명상만큼 효과적인 수단이 없다는 걸 알기 때문이다.

스티브 잡스(Steve Jobs), 레이 달리오(Ray Dalio), 오프라 윈프리

(Oprah Winfrey), 유발 하라리(Yuval Noah Harari) 같은 세계적인 인물들은 명상을 단순한 휴식이나 스트레스 관리가 아니라, 최고의 결정력을 만드는 '생산성의 근원'으로 여겼다. 그들이 가진 지식, 정보, 인맥보다 더 깊고 본질적인 무언가, 바로 내면의 통찰을 찾기 위한 도구로 명상을 선택한 것이다.

스티브 잡스는 《요가난다 영혼의 자서전(Autobiography of a Yogi)》을 인생 최고의 책으로 꼽았고, 그의 장례식에서 그 책 한 권을 모든 참석자에게 나눠줄 정도였다. 그는 명상을 통해 직관을 단련하고, 단순함 속의 진리를 추구하며, 순간에 충실한 삶의 태도를 실현했다. 세계 최대 헤지펀드 브리지워터 어소시에이츠(Bridgewater Associates) 설립자 레이 달리오는 초월명상(Transcendental Meditation)을 통해 자신이 최고 수준의 의사결정을 유지할 수 있었다고 말한다. 그는 '명상은 내가 가진 가장 강력한 성공 도구'라고 언급한 바 있다.

인류를 흔든 사유의 뿌리_
명상이 만들어낸 창의력과 집중력

이 책에서 여러 번 강조했지만 명상의 효능은 단지 마음을 고요하게 만드는 데 그치지 않는다. 창조성과 직관, 깊은 통찰의 공간을 여는 열쇠다. 유발 하라리는 명상을 통해 자신의 사고 방식을 넓히고 깊은 통찰을 얻었다고 여러 차례 언급했다. 그는

2000년 태국에서 고엔카의 위빳사나 명상 수련에 참여한 이후, 매일 두 시간씩 명상하며 매년 한두 달간 긴 명상 수련을 지속하고 있다. 하라리는 이러한 명상 수행이 《사피엔스》나 《호모 데우스》와 같은 저서를 집필하는 데 큰 도움이 되었다고 밝혔다. 그는 자신의 대표작 《사피엔스》와 《호모 데우스》의 핵심 아이디어들이 명상 중 떠올랐다고 말했다. "그 집중력과 명료함이 없었다면, 나는 그 책을 쓰지 못했을 것이다."라는 말에서 우리는 명상이 단순한 휴식 이상의 도구임을 알 수 있다. 또한 하라리는 명상을 통해 고통의 근원을 정신의 자동 반응 패턴에서 찾았고, 그것을 바라보는 연습이 결국 자기통찰의 문을 열었다고 말한다. 이처럼 명상은 자기 자신을 이해하고 세계를 해석하는 창문이 된다. 유발 하라리는 명상을 통해 자신의 내면을 깊이 탐구하고, 이를 바탕으로 인류의 사고방식을 넓히는 데 기여하고 있다.

 스티브 잡스 역시 명상이 직관과 창의성의 근원이었다고 강조했다. 그는 아이폰이나 맥북의 디자인을 단순화할 수 있었던 철학의 뿌리를 명상에서 찾았다. 본질을 꿰뚫는 힘, 쓸데없는 것을 제거하는 결단력, 순간의 직관을 믿는 용기, 이 모든 것은 내면에서 나온다(all of these came from within).

명상은 자신과 세상을
연결하는 힘이다

명상이 단지 자신만을 위한 도구였다면 이처럼 많은 글로벌 리더들이 명상을 반복적으로 언급하지 않았을 것이다. 명상이 강력한 이유는 자신과의 연결을 넘어, 결국 타인과의 관계에서도 깊이를 만들어 주기 때문이다.

리더십의 핵심은 '판단'이고, 그 판단은 늘 불확실한 상황에서 이루어진다. 명상은 판단의 중심을 흔들리는 외부가 아닌 흔들리지 않는 내부로 가져온다. 나는 중요한 회의를 앞두고, 혹은 클라이언트 자문을 준비할 때마다 짧은 명상으로 나를 '내 자리'로 다시 데려온다. 그 짧은 명상 후에 작성한 문서, 그 이후 내리는 결정은 훨씬 명확하고 여백이 있으며 더 나은 결과로 이어진다.

많은 글로벌 리더들에게 명상은 영적인 도구라기보다 실용적인 도구이다. 명상은 전략이다. 좋은 전략은 좋은 인사이트에서 나오고, 그 인사이트는 소음이 걷힌 공간에서만 들린다. 명상은 그 공간을 만든다. 그리고 그 공간에서, 우리는 비로소 진짜 중요한 것과 연결된다. 혼란의 시대일수록, 해답은 밖이 아닌 안에 있다. 내면과 연결되는 시간이 많을수록, 인생은 외부가 아닌 내가 설계하는 것이 된다.

5

삶을 바꾸는 가장 작은 습관

명상으로
비전과 목표를 설정하는 방법

꾸준한 명상을 통해 내 안에 이미 모든 가능성이 있고 내가 생각하는 것은 이미 이루어진 것이라는 걸 진심으로 알게 되면, 비전은 이루는 것이 아니라 기억해내는 것이라는 깨달음이 생긴다. 나는 삶에서 여러 경험을 통해 내 안에 이미 존재하는 그 무한한 가능성을 실현하기를 온 우주가 기다리고 지원하고 있다는 것을 경험했다.

**내가 원하던 만남,
우주가 응답한 방식**

많은 사람들이 그렇듯 나도 인생에서 꼭 한 번 만나고 싶은 사람들이 있다. 그중 한 명이 바로 마이클 버나드 벡위스(Michael Bernard Beckwith)였다. 2006년에 전 세계를 강타한 다큐멘터리 영화 〈시크릿〉의 주요 멘토 중 한 명이다. 그의 책들을 읽고 그가 고안한 라이프 비저닝 프로세스(Life Visioning Process) 과정을 여러 차례 들은 뒤, 그는 내게 늘 강력한 영감의 원천이자 멘토로 존재했다. 그의 강연을 직접 듣는 것을 넘어 그를 만나게 될 것 같은 이상한 예감은 항상 있었지만, 그를 밀착 의전하며 함께 지낼 기회가 생기리라고는 상상조차 하지 못했다.

그러던 어느 날 우연히 찾게 된 한 서울의 요가 명상원에서 '슈퍼 소울 릴레이(Super Soul Relay)'라는 행사 및 리트릿을 개최하며, 초청 연사 중 한 명으로 마이클 벡위스를 초대한다고 들었다. 나는 믿을 수 없다는 감정 속에서 바로 참여 신청을 했고, 영국에서 한국으로 날아와서 한 달간 머물기로 결정했다. 그리고 기적처럼 한국에 소개되지 않은 그분 책의 초벌 번역 작업과 그 리트릿 멘토들 의전 역할을 맡게 되었다. 덕분에 일주일 내내 마이클과 또 다른 초대 멘토인 줄리 모렛(Julie Moret)과 함께 식사하고 이동하며 정말 많은 이야기를 나눴다. 그 경험은 단순히 유명인을 가까이서 본다는 차원이 아니었다. 내가 누구인지, 어떤 존재인지를 돌아보게 하는 깊은 전환의 시간이기도 했다.

특히 줄리는 그녀가 5년 전에 한 여성 리더 단체에서 강연을 하고 선물 받은 GRATEFUL(감사)이라는 글자들의 비즈를 꿰어 만든 팔찌를 본인의 팔에서 그대로 벗겨서 내 팔에 끼워주었다.

그녀는 '지난 5년간 단 한 번도 그 팔찌를 뺀 적이 없으며 처음으로 그것을 전달해주고 싶은 다른 여성을 만났다고 설명해 주었다, 나도 누군가에게 전달해주라'는 당부와 함께. 그렇게 글로벌 멘토들과 보낸 일주일 동안 내 의식은 퀀텀 점프했고, 세상에 알려진 '끌어당김'의 법칙은 잘못 인식된 거라는 생각이 정리됐다.

나는 단순히 그를 내 삶에 '끌어당긴 것'이 아니었다. 내가 이미 그만큼의 높은 파장으로 진동하고 있었기에 마이클의 파장과 공명해서 그가 내 삶에 나타난 것이다. 진정한 나를 만나고 내 안에 이미 모든 게 있는 걸 알게 되면, 원하는 것을 억지로 끌어당기려 확언을 하거나 다른 노력을 할 필요가 없게 된다. 내 의식이 높아지고 진정한 나에 가까워지면 나와 주파수가 맞는 현상과 사람들이 공명해서 내 삶에 '발현'되는 것이다.

마이클도 끌어당김의 법칙(Law of Attraction)보다는 공명의 법칙(Law of Resonance)과 발현의 법칙(Law of Radiation)을 강조한다. 즉, 내가 진짜 원하는 삶에 맞는 주파수를 갖고 있을 때, 그 현실은 자연스럽게 나의 삶으로 흘러들어온다는 것이다. 억지로 끌어당기는 것이 아니라 내가 그것이 되는 것, 내 안에 있는 그것이 발현되는 것이다.

**몸 의식에서 우주 의식으로
비전 설정이 바뀌는 순간**

우리는 흔히 비전이나 목표를 설정할 때 현재의 조건과 한계, 두려움을 기반으로 계획을 세운다. 흔히 1년 뒤 한 달 천 만 원의 소득을 얻는다든지와 같이 직장, 연봉, 건강, 관계 등 당장의 상황을 개선하거나 벗어나고 싶은 욕구로 출발하는 경우가 많다. 이때 나를 바라보는 중심은 '몸'이다. 즉, 이 물리적 세계에서의 내 조건이 나라는 착각 속에서 꿈을 세우는 것이다. 그것은 알을 깨고 나왔을 때 펼쳐질 세상을 모른 채 알 안에서의 관점으로 비전을 세우는 것과 같다.

하지만 우주 명상을 통해 '나는 우주보다 더 큰 존재'라는 감각을 경험하고 나면, 그 관점이 완전히 달라진다. 나는 더 이상 부족하거나 결핍된 존재가 아니고, 완전하고 창조적인 존재로서 이미 모든 가능성을 내 안에 가지고 있음을 그냥 알게 된다. 그런 상태에서 나오는 비전은 전혀 다른 차원의 것이다. 그 비전은 뭔가를 얻기 위해 애쓰는 방향이 아니라, 내 안에 이미 존재하는 것을 밖으로 표현하는 흐름이다. 외부의 인정이나 보상을 위한 목적이 아니라, 내가 본래 누구인지 기억하고 그것을 삶으로 살아내는 방향이다.

이제는 물리적 조건을 넘어서서 내가 이 지구에 왜 왔는지, 나의 고유한 색깔은 무엇인지, 나의 빛을 어떻게 나눌지를 중심에 두고 비전을 설계한다. 이런 비전은 내 안에서 자연스럽게 밀려 나오는 힘이어야 한다.

**우주 명상_
무한한 존재로 돌아가는 실천 명상**

다음은 내가 매일 실천하며 내 주변의 많은 사람들과 공유해 온 '우주 명상' 순서다. 당신도 이 흐름을 따라 천천히 온전히 자신에게 집중하며 실천해보길 바란다. 명상은 마음으로 읽고, 몸으로 느끼며, 영혼으로 확장되는 경험이기 때문이다.

1. 조용한 공간에서 눈을 감고 꼬리뼈에서 정수리까지 연결된 느낌으로 척주를 세우고 앉는다. 침대에 누운 채로 양팔을 양 옆으로 자연스럽게 내려놓은 상태로 해도 좋다.
2. 숨을 천천히 들이쉬고 내쉬며 호흡의 흐름에 의식을 집중하며 몸을 이완한다.
3. 숨을 들이쉴 때 지구의 사랑의 에너지가 내 발바닥으로 들어와 내 몸을 통과해 정수리를 통해 우주로 뻗어 나간다고 상상한다.
4. 숨을 내쉴 때 우주의 감사 에너지가 정수리를 통해 들어와 내 몸을 통과해 지구 중심으로 내려간다고 상상한다.
5. 숨을 들이쉬며 '사랑합니다' 내쉬며 '감사합니다'라고 마

음 속으로 되뇌인다.

6. 내 몸 전체에 사랑과 감사의 하얀 빛이 채워지고 세포 하나하나가 치유되는 모습을 떠올린다.

7. 숨을 들이쉬고 내쉴 때마다 그 빛이 내 몸을 가득 채우고 넘쳐서 방 안을 채우고, 도시와 나라, 지구 전체로 퍼져나간다. 전쟁과 분열이 있는 곳에도 내 사랑과 감사의 빛이 채워지는 것을 본다.

8. 이제 내 사랑과 감사의 빛이 확장되어 지구를 벗어나 아름다운 우주 전체를 감싸는 것을 바라본다. 그 속에서 나는 무한한 존재임을 안다.

9. 그 무한한 존재의 시점에서 이렇게 말해본다. "나는 이미 모든 것을 가지고 있다. 나는 무한한 가능성이며 내가 원하는 비전은 이미 내 안에 존재한다."

10. 이 상태에서 나를 통해 세상에 발현되고자 하는 것은 무엇인지, 내가 진정으로 세상에 표현하고 싶은 것이 무엇인지 질문해본다.

11. 질문이 끝나면 떠오르는 이미지나 감정, 색깔, 느낌 등을 그냥 받아들인다. 거기에 이름을 붙이지 말고 그냥 느껴본다.

12. 명상이 끝난 뒤 알게 된 통찰을 나만의 마인드맵이나 퓨처 매핑 등의 툴로 정리해둔다.

이 명상은 당신이 외부에서 찾고 있던 비전이 사실은 이미 내 안에 있음을 깨닫게 해줄 것이다. 비전은 어딘가 멀리 있는 것이 아니라, 내가 누군지를 온전히 느낄 때 자연스럽게 떠오르는 내 존재의 표현이다. 그리고 그 순간부터 당신의 비전은 억지로 붙잡고 노력해야 할 것이 아니라, 삶 속에서 자연스럽게 살아지는 여정이 된다.

삶의 변화를 위한 구체적인 실천 팁

대부분 사람들은 이미 자신이 원하는 삶이 어떤 모습인지 어렴풋이 알고 있다. 다만 바쁘고 피곤한 일상 속에서 그 방향을 잊었을 뿐이다. 그래서 이 장에서는 당신 안의 방향 감각을 되찾게 해줄, 내가 사용하는 명상 기반의 실천법들을 소개하고자 한다.

첫째, 보드룸 명상은 당신이 가장 신뢰하는 '내면의 조언자'들과 대화하는 방법이다. 두 번째로 시간 다스리기 기술(Time Mastery)은 당신의 하루를 진짜 원하는 방향으로 재편하고 하루를 일주일처럼 살 수 있게 해주는 기술이다. 그리고 3MIQs는 잊고 있던 당신의 '가능성 있는 미래'를 다시 눈앞에 그려주는 연습이다.

미래는 상상하는 자가 아니라 상상한 대로 살아낸 자의 것이다. 그리고 명상은 그 상상을 현실로 바꾸는 시작점이다.

보드룸 명상
위대한 지성들과 회의하는 법

보드룸 명상은 단순한 상상이 아니라, 깊은 명상 상태에서 통찰을 얻는 강력한 내면 회의다. 이 명상의 원형은 《생각하라 그리고 부자가 되어라(Think and Grow Rich)》의 저자 나폴레온 힐(Napoleon Hill)의 '보이지 않는 상담가 기법(Invisible Council Method)'에서 비롯되었다. 그는 자신의 멘토이자 롤 모델로 삼은 역사적 인물들과 가상의 회의실에서 조언을 구하는 습관을 가졌고, 이로부터 엄청난 통찰과 행동력을 얻었다고 전했다. 비슷하게 일론 머스크(Elon Musk) 또한 "아인슈타인이라면 어떻게 했을까?"라는 질문을 통해 유사한 기법을 실천하고 있다.

이 명상의 핵심은 심상화(visualisation)와 내면의 대화(inner dialogue)를 결합해 무의식에 있는 창의성과 지혜를 끌어올리는 것이다. 가상의 회의지만 그 안에서 나누는 대화는 실제 삶의 방향과 결정을 구체화하는 데 큰 도움이 된다. 다음은 내가 내 삶에 도입한 보드룸 명상의 실습법을 단계별로 설명한다.

Step 1: 질문 정의

지금 내가 풀고자 하는 고민, 문제, 또는 선택의 주제를 명확히 적는다. 예를 들면 "지금 이 비즈니스 제안을 받아야 할까?" 등과 같은 것이다.

Step 2: 회의에 초대할 인물 선정

예수님, 부처님, 마스터 에크하르트 톨리, 아말 클루니, 스티브 잡스, 나의 미래 자아 등 내가 존경하고 신뢰하는 인물을 문제의 성격에 따라 선택한다.

Step 3: 명상에 들어가기

조용한 공간에서 5~10분간 호흡을 안정시키고 눈을 감는다. 이후 가상의 보드룸(회의실)에 앉아 그들을 초대하는 심상을 떠올린다. 각 인물에게 질문을 던지고, 그들의 표정, 말투, 조언을 자연스럽게 받아들인다. 이 단계에서 놀라운 통찰이 떠오르기도 한다.

Step 4: 현실로 가져오기

명상 직후 곧바로 받은 메시지를 노트에 적는다. 나는 마인드맵이나 퓨처 매핑, 혹은 9matrix와 같은 툴들을 자유롭게 이용해 실제 업무나 삶에 어떻게 적용할 수 있을지 구체적인 행동으로 바꾸어본다.

Step 5: 피드백 루틴

일주일 후 또는 상황이 바뀐 후 같은 질문으로 다시 보드룸 명상을 해보자. 같은 인물에게 다른 질문을 하거나 다른 조언을 받아 새로운 전략을 세울 수 있다. 예를 들어 나는 전 남편과의 이혼과 관련된 의사결정을 앞두고, 예수님, 부처님, 젠다야, 오드리 헵번, 아말 클루니를 초대했다. 이들이 각자의 방식으로 조언을 해줬고, 나는 감정을 배제해 존중을 잃지 않으면서도 당당하게 법적 절차를 밟을 수 있다는 확신을 얻었다.

이 명상법은 나의 생각을 뛰어넘는 프레임에서 문제를 바라보게 하며 실제로 매우 구체적인 해결책을 제시해준다. 반복할수록 더 정교해지는 것을 느낄 것이다.

시간을 다스리는 기술

세상에는 시간을 효율적으로 사용하는 시간 관리 툴들이 정말 많고 끊임없이 개발되고 있다. 이렇게 무언가 끊임없이 화두되고 있다는 것은 결국 그 방법을 마스터한 한 가지 방법이 발견되지 않았다는 것을 의미하기도 한다. 그 이유는 시간에 대한 정의가 잘못되었기 때문이라고 생각한다. 시간은 한정된 것이라는 전제로 시작하면 어떻게 그 한정된 재화를 효율적으로 활용할 것인지까지만 생각할 수 있다.

하지만 나는 시간은 무한하고 유연한 차원이며 에너지와 의식의 흐름을 통해 통제가 가능하다는 전제하에 시간을 다스리는 연습을 해왔다. 이는 시간 그 자체를 다루기보다 시간 속에서의 집중, 흐름, 회복을 설계하는 시간 관리(Time Mastery) 기술이다. 시간에 대한 우리의 경험을 마스터할 수 있게 되면 시간을 자유자재로 늘였다 줄였다 할 수 있으며 현존과 몰입으로 업무 및 삶의 경험을 극대화시킬 수 있다.

심리학자 칙센트미하이(Mihaly Csikszentmihalyi)는 몰입(flow) 상태를 설명하며 시간의 왜곡을 이야기한다. 이 몰입의 순간은 짧지만 높은 생산성과 창의성을 제공한다. 따라서 우리는 시간을 '양'이 아닌 '질'로 경험해야 한다. 나는 하기 싫은 일을 할 때는 내 내면의 시계를 의식적으로 빨리 돌린다. 예를 들어, 내가 싫어하는 종류의 고강도 운동을 할 때는 마치 무성 영화를 보듯이 모든 것을 빨리 돌아가게 한다. 영화 속에서 그 경험을 하는 나도 빨리 움직이며 오히려 그 행위에 현존하는 경험을 한다. 반면, 즐거운 시간은 천천히 1초를 1시간처럼 늘여서 쓰면서 내가 경험하는 시간의 질을 극대화한다. 나는 또한 시간의 경험을 극대화하기 위해 다음과 같은 방법으로 시간의 흐름을 정리한다.

1. 자신의 에너지 리듬을 파악한다.

자신이 하루 중 가장 집중력이 좋은 시간대를 기록하고, 중요한 작업은 그 시간에 배정한다. 나의 경우는 보통 오전 8시~11시 사이, 오후 2~4시가 황금 시간대다.

2. 울트라디안 리듬(ultradian rhythm)을 활용한다.

우리 몸에 내재된 자연스러운 리듬인 울트라디안 리듬을 이용하면 내 삶을 더 효율적이고 자연스럽게 디자인할 수 있다. 나의 경우 90분 집중하고 10~15분 휴식을 하나의 단위로 설정한다. 이 리듬은 인간의 생리학적 집중주기와 맞아 떨어진다.

3. 작업을 블록화(chunking) 한다.

비슷한 종류의 일을 묶어 같은 시간에 처리하면 에너지 소모를 줄일 수 있다. 예를 들어, 이메일은 오후 한 시간, 회의는 오전에 몰아서 하면 효율성이 높아진다.

4. 정해진 시간에 짧은 명상을 한다.

매일 정각마다 1분간 호흡에 집중해보자. 뇌를 리셋하고 다음 작업에 몰입할 수 있게 해주어 하루 종일 높은 에너지를 유지할 수 있게 도와주는 습관이다.

이런 방식으로 시간의 흐름을 정리하면, 내가 시간을 쓰는 것이 아니라 시간을 이끄는 주체가 된다. 그리고 그 리듬이 지속되면 시간은 나의 성장과 목표 달성의 친구가 된다. 내가 시간을 자유자재로 늘였다 줄였다 하면서 하루를 일주일처럼 살고 잠을 자면서 1년을 사는 것이 가능하게 하는 구체적인 방법들은 광범위해서 다음 기회에 소개하도록 하겠다.

삶을 이끄는 3MIQs
목표 설정 명상법

인간은 강렬한 경험, 의미 있는 성장, 그리고 타인에게의 기여를 통해 깊은 만족을 느낀다고 한다. 빠른 자동차를 운전할 때와 같은 경험은 세로토닌, 도파민과 같은 화학물질이 우리 몸을 통과하며 행복하다는 느낌이 들게 한다. 하지만 이런 행복은 외부 요소나 약에 의해 거짓으로 끌어낼 수 있는 느낌이다.

우리는 열심히 운동하고 난 뒤나 유용한 강의를 듣고 난 후에도 일종의 만족감을 느낀다. 이렇게 '성장'에서 얻어지는 행복감은 경험을 추구하는 게 아니라 현재의 나와 성장 전의 나를 비교해 얻어지게 된다. 취학 전 어린 아이들이 무언가 새로운 것을 배우며 몇 시간씩 몰두하고 행복해 하는 것을 보면 배움이 행복한 것은 우리의 본성임을 알 수 있다.

더 나아가 인간은 사회적 동물이므로 타인에게 도움을 줄 때

의미와 행복을 느낀다. 부모들이 아기를 돌보느라 한밤중에 일어나 수유를 하고 기저귀를 가는 것은 행복의 모습과는 거리가 멀지만 행복하다고 느끼는 것은 우리가 사회적인 동물이어서 그렇다. 그리고 우리가 우주의 한 부분으로 모두 연결되어 있다고 믿는다면 당연히 다른 영혼을 돕는 데 보람을 느낄 것이다.

이렇게 세 가지 타입의 행복을 이야기한 이유는 내가 단순한 수단적인 목표가 아닌, 내면의 진정한 욕구를 반영한 궁극적인 목적을 설정하는데 도움이 많이 된 툴을 소개하기 위해서다. 비션 라키아니(Vishen Lakhiani)의 3Most Important Questions, 3MIQs(3가지 제일 중요한 질문)이라는 방법이다. 비션은 SMART(Specific, Measurable, Achievable, Relevant, Timebound: 구체적인, 측정 가능한, 달성 가능한, 현실적인, 기한이 정해진: 기업이나 팀의 성과 관리를 위해 사용되는 목표 설정 방법론)와 같은 전통적인 목표 설정 방식이 개인의 진정한 욕구를 반영하지 못한다고 지적하며, 다음 세 가지 삶에서 진정 중요한 질문에 답을 해보면서 삶의 방향성을 명확히 한다고 말한다.

경험(Experiences): 나는 삶에서 어떤 경험을 하고 싶은가?
성장(Growth): 나는 어떻게 성장하고 발전하고 싶은가?
기여(Contribution): 나는 세상에 어떻게 기여하고 싶은가?

3MIQs는 단순한 수단적인 목표가 아니라 궁극적인 목적을 설정하는 데 도움이 된다. 이 질문들에 답을 해보면서 단기 목표가 아니라 삶의 본질적인 방향성을 찾게 된다. 중요한 점은 이 질문들에 머리로 생각해 답을 하는 것이 아니라 명상 상태에서 즉, 가슴과 직관으로 느끼는 상태에서 답을 해야 하는 것이다. 다음은 3MIQs를 실천하는 단계별 방법이다.

1. 명상 상태에서 질문하기

편안한 자세로 앉아 깊은 호흡을 하며 마음을 가라앉힌다. 그런 다음 위의 세 가지 질문을 하나씩 마음속으로 되뇌며 떠오르는 생각이나 이미지를 관찰한다.

2. 기록하기

종이에 세로로 두 줄을 긋고 첫 번째 칼럼에는 내가 경험하고 싶은 것들을 적는다. 두 번째 칼럼에는 그 경험을 위해 어떻게 성장을 해야 하는지 적는다. 세 번째 칼럼에는 그 경험을 하고 그에 맞게 성장한 나는 이 세상에 어떤 공헌을 할지 적는다. 이때 판단이나 수정 없이 자유롭게 각 질문에 대해 90초 동안 멈추지 않고 떠오르는 생각을 종이에 적는다.

3. 정기적으로 검토하기

작성한 내용을 일주일에 한 번씩 읽어보며 자신의 진정한 욕구와 목표를 상기한다. 6개월, 1년, 3년 후에 다시 검토하여 얼마나 이루어졌는지 확인하면 자신의 성장과 변화를 실감할 수 있다.

놀랍게도 이 실습을 한 사람들 대부분은 적은 내용을 잊고 지냈다가 훗날 실제로 많은 것들이 실현된 것을 발견하곤 한다. 예를 들어 내가 하고 싶은 경험 중에는 많은 사람들에게 영감을 주는 것이 있는데(경험), 이를 위해 나는 매일 책을 읽고 나 자신을 수양한다고 적었다(성장). 나는 이렇게 얻은 지식과 통찰을 공유해 되도록 많은 사람들이 행복해지고 더불어 세상이 더 따뜻해지는데 기여를 한다고 적었다(공헌).

다른 예로 '나는 의식이 높은 사람들과 깊은 친분을 쌓는 경험을 한다. 그 경험을 통해 나의 의식도 높아지고 함께 세상에 선한 영향을 미친다'라고 썼는데, 몇 년 후 마이클 버나드 벡위스를 만나고 그의 의전을 맡아 개인적인 교류를 할 수 있게 되었다.

내면의 안정과 외적 성공을
조화롭게 만드는 전략

**내면의 고요가 가져다주는
외적 질서**

 명상을 매일 하면서 깨달은 것은, 내 안의 빛과 사랑이 넘쳐날 때 그 진동이 외부 현실을 바꾸기 시작한다는 것이다. 세상에 어떤 일이 일어나도 내면은 고요하고 높은 의식 상태로 유지되는 시간이 길어지기 시작하며, 삶에 여러 변화가 일어났다. 내 변화를 받아들이지 못해 내 성장을 방해하려는 주변 사람들과의 상황이 조용히 정리되고, 나를 성장시키는 새로운 사람들이 갑자기 내 삶에 깊숙이 들어왔다. 마치 기다리고 있었다는 듯이. 그리고 높아진 나의 의식에 맞는 상황과 기회가 상상도 못한 스케일로 내 앞에 펼쳐졌다.
 이렇듯 삶의 외적 성공이나 조건이 갖춰져야 마음이 평온해지는 게 아니라, 의식의 성장과 내면의 안정이 외적 성공을 견인하는 것이다. 그래서 나는 삶의 변화를 원한다면 먼저 내면을 다듬는 것이 가장 강력한 전략이라고 믿는다. 지금부터 소개할 전략들은 단순한 이론이 아니라, 실제 내 삶을 바꾼 경험에서 비롯된, 누구나 시도해볼 수 있는 실천적 통찰이다. 그리고 이것이 내가 삶의 모든 부분에서 풍요를 누릴 수 있게 한 코드, Abundance Code의 근간이다.

의식 성장 4단계로 인생을 설계하라, 마이클 벡위스 모델

나는 흔히 듣는 '한 우물을 파야 성공한다'는 말을 받아들이지 않는다. 내 안의 잠재력은 우주보다 넓고 다채로운데, 왜 하나의 역할이나 정체성에 나를 가둬야 하는가? 내가 변호사이자 명상가, 요기니이자 엄마, 멘토이자 저자인 것처럼, 나의 다양한 역할은 내 아름다운 본질의 표현이라 생각한다.

삶에는 건강, 부, 사랑, 커리어 등 여러 측면이 있으며, 이 모든 영역이 조화를 이룰 때 비로소 진정한 행복에 다가갈 수 있다. 그리고 각 영역은 우리가 어느 의식 단계에 있는지에 따라 전혀 다른 양상으로 펼쳐진다. 의식을 끌어올릴수록 삶의 질 또한 달라진다. 인간 의식의 성장 과정을 이해하기 위해 마이클 벡위스와 비센 라키아니의 이론을 바탕으로 나는 다음의 통합

모델을 만들었다.

　As us(우리로서)

　Through us(우리를 통해)

　By us(우리에 의해)

　To us(우리에게)

　1. To Us(우리에게)

　외부 환경이 삶을 결정한다고 믿는 피해자 의식의 단계이며, 안타깝게도 인류의 대부분은 이 피해자 의식 단계에 존재한다. 이 의식 단계의 사람들은 삶은 통제할 수 없는 외부 요인의 결과이고 우리는 주어진 삶을 바꿀 수 없다고 여긴다. 삶에서 발생하는 모든 나쁜 상황은 '상사가 나빠서', '경제가 어려워서' 등 외부에 있다고 보거나 항상 자신에게만 나쁜 일이 생긴다고 생각한다.

　2. By Us(우리에 의해)

　어느 순간 많은 사람들은 어떤 종류의 깨어남을 경험하며 이 각성에 의해 내 생각과 행동이 현실을 만든다는 인식이 생기는 창조자의 단계로 이동하게 된다. 이 의식 단계의 사람들은 끌어당김의 법칙, 비전보드, 시각화, 확언 등의 방법을 이용해서 자신이 삶의 주체임을 경험한다.

3. Through Us(우리를 통해)

이 의식 단계에서는 삶이 나를 통해 나타난다고 믿게 된다. 우리는 이 단계에서 명상과 직관을 통해 우주의 의도와 연결되고, 창조성을 발휘하며 삶을 재구성한다. 또 우리는 삶에 모든 것을 맡기고 내려놓는 법을 배우게 된다.

4. As Us(우리로서)

마지막으로 네 번째 단계는 나 자신이 우주와 하나라는 깊은 자각의 단계이다. 이 단계의 의식을 가진 사람들은 모든 생명체는 연결되고 하나의 우주, 온전체, 신을 형성하고 존재 자체로 삶을 창조하는 통합 의식의 상태를 경험한다.

이 의식 단계 모델은 한 단계를 넘으면 다음 단계로 넘어가는 일괄적인 과정이 아니라 한 사람이 한 번에 여러 단계를 경험하기도 한다. 삶의 어떤 면에서는 레벨 1 피해자 의식을 가지고 있을 수도 있고, 다른 부분에서는 레벨 3 채널의 의식 단계일 수 있다. 예를 들어 가족과는 행복한 관계를 유지하지만 경제적으로는 항상 쪼들리는 사람도 있고, 커리어에는 성공을 했지만 건강이 좋지 않을 수도 있다. 그럼 어떻게 우리 삶의 여러 부분들을 조화롭게 안정화시키는지 알아보자.

인생 8가지 구조를
점검하고 정렬하라

마이클 벡위스는 삶을 구성하는 틀과 8가지 인생 구조(life structure)를 제시한다. 이 구조들은 앞서 소개한 의식 4단계와 연결된다. 각 구조가 어느 의식 수준에 머물러 있는지 자각하면, 우리는 보다 통합된 삶을 살아갈 수 있다. 각 구조가 안정될 때, 우리는 더 온전한 삶을 살아갈 수 있다. 반대로 불균형하거나 낮은 의식 단계에 머물고 있다면 그 영역은 삶의 '부채'가 되기도 한다. 예를 들어 몸이 아프면 내 모든 에너지와 시간과 돈을 병원에 다니는데 쓰게 될 거고 그 결과로 정신, 건강한 자아, 관계, 경제 등 다른 부분도 낮은 의식 단계로 끌어내리게 된다. 내 건강이 내 인생의 자산이 아니라 부채가 되는 것이다. 다음은 삶의 8가지 구조와 이를 안정화하기 위한 간략한 가이드다.

1. 정신(Spirituality)

우리의 정신은 명상과 자각을 통해 우리가 무한한 존재임을 깨달았을 때 안정화된다. 이는 모든 구조의 근간이며, Through Us(우리를 통해)와 As Us(우리로서) 의식으로 나아가는 데 필수적이다. 나는 이것을 깨닫고 나서 마음의 동요에 의해 생기는 불안 등의 감정들을 나와 분리해서 바라볼 수 있게 되었다.

2. 건강한 자아(Healthy Ego)

우리는 자아가 아니라 자아를 가지고 있는 주체라는 것을 인식해야 한다. 에고에 의해 잘못 안내된 제한된 의식이 우리를 자연과 분리시키고 인종, 문화, 종교, 지역과 같은 개념으로 분리시켜왔다. 우리는 이를 초월해 우리 누구보다 우월하거나 열등하지 않고 단지 특별하다는 것을 인지해야 한다. 이를 깨달으면 우리는 다른 사람과 비교하면서 경쟁할 필요가 없음을 알게 되고 모든 사람의 성공, 온전함, 기쁨, 행복, 번영을 기원할 수 있다. 이것이 건강한 자아를 가진다는 것의 의미이다.

3. 건강과 체력(Health & Fitness)

'당신의 몸을 돌보세요. 그곳이 당신이 살아야 하는 유일한 곳입니다(take care of your body, it's the only place you have to live)'라는 짐 론(Jim Rohn)의 말과 같이 우리 몸은 우리가 유일하게 살 수 있는 성전과 같다. 우리 몸이 건강하고 활력에 넘치고 힘에 넘칠 때 균형을 이루고 안정되며 인간관계, 창의성, 정신, 경제 등 모든 면이 향상되게 된다.

4. 관계(Relationships)

성숙한 인간관계에서 우리는 우리를 둘러싸고 있는 사랑과 행복, 기쁨에 동참하는 것이지 다른 사람에게 그 사랑, 기쁨 또는 행복을 받으려 하거나 기대하지 않는다. 이러한 인간관계를 통해 자기 성찰을 하게 되며 이 관계는 성장과 발전의 매개체가 된다. 이 구조가 안정되면 인간관계에 의해 에너지가 고갈되지 않는다. 그리고 주변에 나를 고갈시키거나 고양시키는 관계들을 구별할 수 있게 된다.

5. 경제적 풍요(Financial Abundance)

경제적 풍요는 삶의 목적을 표현하는 데 중요하다. 그리고 우주의 풍요는 결코 고갈되지 않는다. 이 구조가 안정되려면 우리는 풍요의 에너지 안에서 살아야 한다. 하지만 많은 이들이 우리가 필요한 것들은 항상 충족되며 원하는 모든 것을 가질 가치가 있는 존재라는 것을 믿지 않기 때문에 이를 먼저 치유해야 이 구조의 안정화에 이를 수 있다.

6. 소명으로서의 직업(Purpose-led)

생계활동은 직업의 개념을 넘어서 우리가 가진 특별한 재능을 통해 창의적으로 우리 삶을 향상시키는 활동일 때 균형을 이룬다. 다시 말해 우리 영혼의 사명을 전달하는 창의적이고 삶을 향상시키는 활동이어야 한다는 것이다. 올바른 생계활동을 할 때 우리는 단순히 우리의 시간을 돈과 교환하는 게 아니라는 것을 깨닫고, 우리의 시간이 이 지구와 우리의 창의성을 향상하고, 우리가 가진 재능을 실현하며, 우리의 잠재력을 개발하는 데 쓰인다는 것을 이해하게 된다.

7. 생각, 감정, 신념(Thoughts, Emotions and Beliefs)

우리가 믿는 대로 우리에게 행해진다. 우리는 종종 우리가 충분하지 않다거나, 도움을 받지 못한다거나, 외롭다는 믿음을 가지고 살아간다. 하지만 우리의 의식이 성숙하게 되면, 우리가 우주와 하나이고 우리는 풍요, 지성, 창의와 같은 신성한 자질의 표현임을 믿게 된다. 그리고 믿음의 실행을 통해 우리가 공식적으로 믿는 것들을 갑자기 알게 되는 '아하' 모먼트, 즉 통찰력(insight)이 생기게 된다. 이를 구체화하는 단계를 거쳐 우리는 우리의 신념대로 살게 된다. 이것이 신념이 안정화된다는 의미이다.

8. 커뮤니티(Community)

우리 모두가 서로 연결되어 있다는 인식을 공유하며 함께 모이는 커뮤니티들을 통해 우리 자신의 의식을 높일 수 있다. 우리의 의식이 높아지면 다른 사람들의 의식도 높이기를 희망하게 되므로, 우리의 이웃, 도시 혹은 국가 등 우리가 속한 지역 사회에 기여하는 방법을 생각해 보아야 한다. 나는 내 커뮤니티에 어떤 기여를 하고 있는가? 이 세상을 떠나기 전에 어떤 커뮤니티에 무엇을 기여하고 싶은가? 이러한 질문들을 하기 시작할 때 우리가 지구상에서 유익한 존재가 될 수 있도록 우리 내면의 목소리가 가이드를 할 것이다.

"모든 것은 에너지다. 당신이 원하는 현실에 주파수를 맞추면 그 현실에 도달할 수밖에 없다. 그것은 철학이 아니라 물리학이다"라고 말한 알버트 아인슈타인처럼, 삶의 모든 것은 진동한다. 따라서 이 8개의 인생 구조 각 영역에서 내가 어떤 진동(의식 상태)으로 존재하고 있는지를 인식하는 것만으로 변화는 시작된다. 지금 내가 어느 영역에서 안정되지 않았는지 관찰해보자. 그리고 그 구조를 어떤 의식 상태로 끌어올릴 수 있을지 고민해보자. 그것이 바로 삶을 재설계하는 시작이다.

내맡김(Surrender)의 기술
창조와 수용의 균형

많은 자기계발 서적에서 말한다. 나의 마음이 생각할 수 있고 진정으로 원한다면 나는 그것을 성취할 수 있다(끌어당김의 법칙). 반면에 명상가들은 말한다. 잘된다고 믿고 내려놓아라, 집착하지 말아라(내맡김, surrender). 이 가르침은 모순처럼 들린다. 하지만 위에 설명한 의식의 단계를 이해하면 이 다양한 가르침에 모순이 없다는 것을 알게 된다. 보조 바퀴가 달린 자전거를 사용해 자전거를 배우다가 어느 시점에서는 보조 바퀴가 필요하지 않은 것처럼 우리도 성장 단계에 따라 2단계에 존재하기 위해서는 끌어당김의 법칙을 알아야 하고 3단계에 존재하기 위해서는 내려놓을 줄 알아야 하는 것이다.

이 모순처럼 보이는 두 메시지를 통합하는 열쇠가 바로 '내맡김'이다. 내맡김은 포기와 다르다. 그것은 아무것도 하지 않음이 아니라, 내가 할 수 있는 최선을 다한 뒤 '결과에 연연하지 않음'이다. 그저 포기하는 것이 아니라, 나보다 더 큰 지성에게 결과를 위탁하는 것이다. 이는 마치 씨앗을 뿌리고 햇빛과 비를 믿는 마음과 같다. 이때 중요한 것은 나의 진심을 우주에 전달하고 그것이 오도록 준비된 자세를 갖추는 '선언'과 '행동'이다. 내맡김의 실천 방법은 다음과 같다.

1. 인정하기(Acknowledgement)

지금의 상황, 감정, 상태를 판단 없이 있는 그대로 인정한다. 이는 진실과 연결되는 첫 걸음이다.

2. 선언하기(Declaration)

내가 바라는 바를 명확히 말로 하거나 글로 적는다. 비전은 선언될 때 실체를 얻는다.

3. 내맡기기(Surrender)

의도는 명확히 하되 방법과 타이밍은 우주에 맡긴다. 나는 씨앗을 뿌리는 자, 열매는 생명 자체가 자라게 한다.

이 내맡김의 힘을 통해 나는 예측 불가능한 기회를 얻었다. 내 삶에 중요했던 로스쿨 최종 시험을 한 달 앞두고 삼성에 입사를 하겠다고 결정한 것은 사실 미친 짓에 가까웠다. 하지만 나는 최선을 다해 인터뷰에 임한 뒤, 어떠한 결과라도 받아들이겠다는 생각으로 내맡겼다. 그랬더니 학생 신분 비자 문제로 자연스럽게 주 3일만 일하게 되었고, 시험 준비와 일을 동시에 할 수 있는 길이 열렸다. 이것이 내맡김의 힘이다. 우리는 언제나 모든 것을 통제할 수 없지만, 내면의 신뢰와 중심이 있다면 세상은 기꺼이 협력한다.

앎에서 삶으로
일상이 명상인 삶

앎은 실천을 통해 비로소 삶이 된다. 명상은 단절된 '수행'이 아니라 '존재 방식'이다. 매 순간 깨어 있는 지금이 바로 당신의 명상 시간이다.

명상은 '앎'이 아니라 '지금 여기'를 사는 태도
명상이라고 하면 흔히들 '앉아서 눈을 감고 가만히 있는 것'을 떠올리지만 진정한 명상은 '사는 방식' 그 자체다. 크리슈나무르티는 명상이란 생각하고, 탐구하고, 존재를 관찰하는 삶의 태도 자체라고 말한다.[20] 그는 명상이 단절된 행위가 아니라 삶 전체를 꿰뚫는 하나의 흐름이며, 우리가 스스로에 대해 탐구하고 관찰하며 자유롭게 사고할 때, 그 순간이 바로 명상이라고 강조한다.

우리는 과거의 경험이나 타인의 권위에 기반해 삶을 해석하는 데 익숙하다. 하지만 진정한 변화는 지금 이 순간, 있는 그대로의 나를 바라볼 수 있을 때 시작된다. 누군가에게 화가 났다면, 그 화를 억누르거나 부정하지 않고 '지금 이 감정이 일어나는 나'를 바라보는 것, 이 관찰의 행위 자체가 자기 변화의 씨앗이며 명상이다. 판단 없이 관찰하는 순간 감정은 스스로 흐르고 사라지며, 그 자리에 깊은 이해와 고요가 남는다. 과학에서도 관찰이 세포에 변화를 일으킨다는 연구가 있다.[21]

매 순간 나의 생각, 감정, 반응을 깨어서 바라볼 수 있다면 우리는 이미 명상하고 있으며, 의식의 확장을 실천하고 있는 것이다. 의식이 지금 여기에 머물 때, 삶은 가장 깊은 지혜와 연결된다. 이처럼 명상이란 '앎'에서 머무는 것이 아니라, '삶'으로 살아내는 것이다. 즉, 명상은 지식이 아니라 자각의 실천인 것이다.

본질로 존재할 때 진짜 삶이 시작된다

우리는 종종 '나중에' 잘 살아야겠다고 생각한다. 일이 좀 정리되면, 아이가 크면, 상황이 나아지면 하지만 그 '나중'은 오지 않는다. 삶은 지금 이 순간뿐이고, 지금의 내가 곧 내 인생의 전부다. 내면과 연결되는 명상은 미래를 위한 준비가 아니라, 현재의 삶을 진실하게 살아내는 태도다. 지금 이 순간, 내가 할 수 있는 일을 최선을 다해 살아가는 삶의 방식이 명상이다.

크리슈나무르티는 스스로 '빛'이 되는 것을 명상의 본질로 보았다. "그 어떤 사람도, 어떤 지식도 당신을 대신해줄 수 없다. 당신은 스스로 빛이 되어야 한다."[22] 이것은 곧 삶의 모든 선택에서 '내면의 중심'에 서는 것을 의미한다. 내가 지금 화를 내는 이유, 불안을 느끼는 이유를 외부에서 찾지 않고, 내 안에서 알아차리고 책임지는 것이다. 그리고 그렇게 살 때, 외부의 혼란은 나를 흔들 수 없다.

또한 본질로 산다는 것은 '겉모습'이 아닌 '기능'으로 존재하는 것이다. 표주박이 예뻐서 쓰는 게 아니라 물을 잘 담아 옮길 수 있기 때문에 쓰듯이, 우리가 어떤 본질로 존재하는지 자각해야 한다. 우리는 쓰일 때 더 채워진다는 말처럼, 누군가에게 도움되는 존재로 살아가는 순간, 삶의 에너지가 순환하기 시작한다. 내가 가진 에너지, 지식, 경험을 세상에 흘려보낼 때 그 흐름 속에서 더 큰 에너지가 다시 나에게 돌아온다. 누군가의 시선을 의식하기보다, 지금 이 순간 내 삶에서 내가 어떻게 쓰이고 있는지를 자각하자. 인간은 외형이 아닌 기여의 흐름 속에서 살아갈 때 잠재력이 깨어난다.

이렇듯 내게 있어 명상은 가부좌 틀고 앉아서 하는 것이 아니라, 내가 나로서 온전히 사는 방식이다. 명상은 결국 '나'라는 그릇을 통해 사랑과 기여의 물이 흐르게 하는 삶의 방식이다. 작은 친절, 따뜻한 말 한마디, 도움되는 실천이 바로 그것이다.

에너지와 직관으로
하루를 설계하라

앎이 삶이 되기 위해서는 하루를 에너지 흐름에 따라 설계하는 감각이 필요하다. 삶에서 '무엇을 얼마나 하느냐'보다 더 중요한 것은 언제, 어떤 에너지로 하느냐다. 우리는 무의식적으로 바쁜 일정을 채우면서도 정작 에너지를 소진하고 방향을 잃곤 한다.

하지만 우리는 타이머와 할 일 목록에 따라 사는 로봇이 아니다. 그렇기 때문에 내 에너지의 리듬, 직관이 가리키는 방향에 민감해질 때 삶의 효율과 기쁨은 동시에 상승한다. 예를 들어 아침에 가장 창의적인 활동을 배치하고, 낮에는 실행 중심의 업무를, 저녁에는 휴식과 통합의 시간을 갖는다. 이와 같이 나의 하루를 에너지 흐름에 따라 디자인하는 것을 에너지 다스리기 기법(Energy Mastery)이라 한다.[23]

이는 또한 직관과 흐름에 기반한 시간 다스리기 기법(Time Mastery)이다. 직관은 내면의 나침반이다. 마음이 편안한 방향, 가슴이 뜨거워지는 일, 설명할 수 없지만 '이거야!'라고 느껴지는 것이 바로 직관의 신호다. 이러한 흐름은 시간 다스리기(Time Mastery)와 에너지 다스리기(Energy Mastery)를 통합한 명상의 일상화이며, 삶의 질을 극적으로 바꾸는 열쇠다. 이를 위해 실천할 수 있는 '에너지 마스터리 루틴'을 소개한다.

1. 아침에 일어나면 5분간 몸과 마음의 상태를 관찰하며 오늘 하루의 중심 에너지를 확인한다.
2. 오늘 해야 할 일 중 가장 에너지가 올라가는 활동을 먼저 한다. 예를 들어, 나는 아침에 명상과 조깅, 기공과 같은 활동으로 에너지를 최대치로 올린다.
3. 2~3시간 단위로 흐름을 전환하며 중간중간 정적 시간을 확보한다. 예를 들어 타이머를 맞춰 90분 집중, 15분 휴식을 반복하며 흐름을 조율한다. 이때 몰입 에너지가 깨지지 않도록 이메일 알람 등은 꺼놓는다.
4. 내 몸이 신호를 보낼 때는 그 신호를 따라 휴식한다.
5. 하루 끝에는 '오늘 가장 잘한 결정'과 '내 직관이 한 역할'을 일기처럼 써본다. 오늘 내 직관이 알려준 선택이 무엇이었는지 적는다.
6. 매주 일요일, 지난주의 에너지 흐름을 돌아보며 조율 포인트를 기록한다.

삶은 내가 깨어 있을 때만 진짜 흐름을 만들 수 있다. 그리고 명상은 내 삶이 진짜 나답게 흐르도록 날마다 다시 깨어나는 실천이다.

누구나 쉽게 시작할 수 있는
명상 루틴

명상이 좋아 보이긴 하는데, 어디서부터 어떻게 시작해야 할지 막막하다는 말을 자주 듣는다. 주변의 많은 이들이 앉는 자세부터 어렵고, 마음을 비우라는 말도 추상적이고, 뭔가 대단한 걸 해야 할 것 같다고 한다. 나도 그랬다.

하지만 명상은 절대 '수행'이 아니다. 명상은 대단한 노력이나 자기계발을 통해 나에게 없는 무엇을 할 수 있게 되는 것이 아니라, 자연스럽고 당연한 나의 상태로 돌아오는 길이다. 그러니 평가하거나 비교할 필요도 없다. 명상은 나와 나 사이의 솔직한 대화이고, 나를 돌보는 가장 부드러운 방식이다. 그리고 그 대화가 매일 조금씩 반복되면, 우리는 어느새 '나는 누구인가'라는 아주 근원적인 질문과 마주하게 된다. 그리고 거기서 시작되는 삶의 변화는 아주 깊고 근본적이다.

처음 시작하는 사람에게는 너무 길게 하지 말라고 권한다. 하루 5분이면 충분하다. '잘 하려고' 하지 말고, '그냥 있는 그대로 보기'를 연습하는 시간이다. 어떤 날은 집중이 잘 되고, 어떤 날은 생각이 떠다닐 것이다. 괜찮다. 명상은 '내가 이렇구나'를 깨닫는 시간이니까. 그걸 바꾸려고 애쓰는 것이 아니라 '알아차리는 것'이 핵심이다. 명상을 잘하려고 애쓰기보다 나를 잘 들여다보는 하루를 사는 것, 그게 바로 누구나 시작할 수 있는 가장 현실적인 명상 루틴이다.

나의 아침 명상 루틴

아침 명상은 하루의 전체 에너지를 결정하는 중요한 루틴이다. 나는 알람시계 소리에 깜짝 놀라서 일어나는 대신, 의식이 자연스럽게 깨어나는 순간을 따라 침대에서 잠시 머무르며 내 몸이 받을 스트레스를 최소화한다. 눈을 감은 채 내가 만든 우주 명상으로 우주보다 더 큰 존재인 나를 느끼며 내가 가진 것들에 감사하는 명상과 호흡 명상을 20분 정도 한 뒤, 3년 뒤 내가 원하는 미래의 모습을 그리고 그때의 감정을 흠뻑 느낀다. 그 후 1년 뒤, 3개월 뒤, 1개월 뒤, 1주일 뒤 내가 무엇을 하고 있는지 상상하고 느낀 다음, 그 3년 뒤 모든 것을 이룬 존재로서 오늘 어떤 경험을 할지를 설계한다. 그렇게 몸이 깨어나기를 기다려 기쁨에 가득 찬 3년 뒤의 존재로 천천히 침대에서 일어난다. 그리고 전날 준비해 둔 디톡스 차를 마시기 전, 컵 위에 양손을 올리고 사랑과 감사의 에너지를 물에 보낸다. 컵을 잡는 감각, 입 안에 퍼지는 온도와 향, 목으로 넘어가는 감촉을 천천히 느끼며 '지금 여기에 있는 나'를 만난다. 그리고 이 물을 한 모금씩 천천히 마실 때 그 에너지가 내 몸에 퍼져 나가는 것을 느낀다. 이는 우리 몸의 70퍼센트 이상이 물로 이루어져 있고, 물은 세상이 뿜어내는 고유한 주파수에 매우 민감하기 때문이다.

사랑과 감사의 주파수는 치유력을 가지고 자연과 조화를 이루지만, 증오나 두려움 같은 부정적인 주파수는 질병에 가까운 해로운 영향을 미칠 수 있다는 실험도 있다. 일본 과학자 에모토 마사루는 1990년대에 물과 주파수에 대한 흥미로운 연구를 진행했다. 그는 병 여러 개에 물을 담고 각각 '사랑', '감사', '증오' 등의 낱말을 적은 쪽지를 붙인 뒤, 물의 냉각 샘플을 촬영해 결정 구조를 비교했다. '사랑'이나 '감사'라고 적힌 물병의 물은 아름답고 완벽한 대칭의 결정을 형성한 반면, '증오'라고 적힌 물은 기형적이고 흐트러진 구조를 보였다.[24]

이어 손끝으로 머리부터 얼굴, 어깨, 몸, 팔, 다리 등을 톡톡 두드리며 몸을 완전히 깨운다. 그 다음 집 앞 공원에서 30분 정도 아침 조깅을 하고 15분 정도 햇살을 받으며 에너지의 흐름을 만드는 기공이나 요가를 한다. 예전에는 팟캐스트나 업무 관련 자료를 들으며 달렸지만 지금은 공기의 온도, 냄새, 색깔, 소리 등 자연이 주는 아름다움을 오감으로 느끼며 현존의 경험에 완전히 몰입한다.

운동을 마친 후 샤워 전에 드라이 브러시로 온몸을 부드럽게 쓸어주고, 따뜻한 물이 몸에 닿는 감각을 온전히 느끼며 '마인드풀 샤워'를 한다. 이렇게 나는 아침 8시 전에 끝내는 루틴이 고정되어 있고, 이 루틴은 내가 하루 동안 현존할 수 있는 힘을 준다.

나는 한때 '현존'이란 현재의 감정, 생각, 신체에 머무는 것이라 여겼다. 하지만 지금은 그 모든 것을 지켜보는 주체, 즉 의식 자체로 존재하는 것이 현존이라는 것을 안다. 몸, 감정, 생각 그 어느 것도 '나'가 아니며, 참 나는 호흡조차 멈추라고 지시할 수 있는 존재인 것이다. 내 몸은 호흡이 멈추면 몇 분 안에 생명을 잃지만 '나'는 몸이 사라져도 사라지지 않는다. 즉, 몸은 나 자신이 아니며 언제든 사라질 수 있는 것이다.

하지만 그렇다고 몸을 함부로 대해도 된다는 뜻은 아니다. 오히려 그 반대다. 이렇게 섬세한 몸이야말로 내 영혼의 신성을 표현하는 소중한 수단이다. 그래서 마이클 벡위스는 "내 몸은 '몸 신전'이다"라고 표현한다. 신전이란 그 안에 신성이 있을 때만 진정한 의미가 있으므로, 내 몸을 사랑과 감사의 마음으로 정성스럽게 다루는 것은 내 삶 전체에 대한 존중이기도 하다.

바쁜 하루 중의 명상 루틴

변호사처럼 하루 종일 긴장감 속에서 일하는 현대인들에게 명상이란 멀게 느껴질 수도 있다. 하지만 명상은 꼭 조용한 공간에서 눈을 감고 앉아 있어야만 가능한 것이 아니다. 우리는 이미 매일 어떤 방식으로든 명상을 하고 있다. 창밖을 멍하니 바라보다가 생각이 멈추는 그 순간, 커피 한 잔을 음미하며 내면의 정적을 느끼는 그 찰나도 명상이다. 그저 그 시간을 더 자각적으로, 의도적으로 바라보는 것만으로도 명상의 문은 열린다.

실제로 앉아서 조용히 눈을 감는 명상도 좋지만, 걸을 때나 설거지를 할 때, 식사를 하면서도 우리는 명상을 할 수 있다. 중요한 건 바로 지금, 내 안에서 어떤 일이 일어나고 있는지를 알아차리는 것이다. 그러다 보면 점차 스쳐지나가는 나의 감정과 생각을 인식하는 순간들이 잦아지고, 그런 자각이 모여 일상 자체가 명상이 되는 '명삶'으로 이어지게 된다.

바쁜 직장인들에게 명상을 추천할 때 늘 이렇게 말한다. "처음엔 딱 3분만 해보세요." 아침이나 점심시간 직후, 혹은 회의 직전에 몇 분만이라도 숨을 들이마시고 내쉬며 몸의 감각을 느껴보는 그 짧은 멈춤이 삶의 균형을 되찾아준다.

자신만의 명상 공간을 만들거나 요즘 많은 사람들이 사용하는 명상 앱도 도움이 된다. 하지만 더 중요한 것은 하루 중에 자주 '멈춤'을 갖는 것이다. 일을 하다가도 갑작스레 감정이 올라올 때, 잠깐 눈을 감고 그 감정을 바라본다. 예를 들어 "아, 지금 내 안에 두려움이 있구나" 하고 인정하고 나면 그 감정이 자연스럽게 내려 놓아진다.

나는 오랜 시간 명상을 실천하면서, 우리가 흔히 말하는 '멀티태스킹'에 대해서도 다시 생각하게 되었다. 우리는 분명 여러 자극을 동시에 인지할 수 있다. 새 소리를 들으면서도 내 숨소리를 느끼고, 화면을 보면서도 마음의 움직임을 감지할 수 있다. 하지만 결국 우리의 의식은 한순간에 하나의 대상에만 머문다. 그리고 어디에 의식을 두느냐에 따라 다른 부분들은 배경으로 밀려난다. 결국 동시에 여러 가지를 똑같이 잘할 수는 없다는 이야기다.

이 깨달음을 얻은 후 일을 할 때도 운동을 할 때도 내 의식이 어디에 있는지를 인식하게 되었고, 일상이 재미있어졌다. 예를 들어, 런지를 할 때 의식을 앞의 굽힌 다리에 두고 스쿼트를 하고 일어날 때 의식을 힙과 뒤쪽 허벅지에 두자 마치 누군가가 나를 일으켜주는 것처럼 부드럽고 안정된 동작이 되었다. 순간 순간 집중하며 몸과 마음을 일치시키면서 사는 것이 내 바쁜 하루 중의 명상 루틴이다.

하루를 마무리하는
리플렉테이션 루틴

나의 저녁 루틴은 아이들이 학교에서 돌아오는 늦은 오후부터 시작된다. 아이들과 간단한 간식과 대화를 나눈 후 저녁 준비와 정리를 마치면 온전히 나를 위한 시간이 열린다. 요가 30분, 책 읽기, 감사일기, 마인드맵 작성, 다음날 계획 세우기 등이 이어진다. 그리고 잠자리에 들기 전, 그날을 성찰하기 위한 명상으로 하루를 마무리한다. 나는 이를 리플렉테이션(Reflection 성찰+Meditation 명상), 즉 '자기성찰 명상'이라고 부른다.

하루의 끝에 나를 돌아보는 시간은 그날의 에너지를 다시 정리하는 기회가 된다. 리플렉테이션은 단순한 회고가 아니라, 내면의 정리를 통해 삶을 더 깊고 넓게 바라보게 해주는 나의 루틴이다. 스티브 잡스 또한 매일 잠자리에 들기 전, "오늘도 나답게 살았는가?"를 묻는 습관을 가졌다는 건 유명한 이야기다.

리플렉테이션 루틴은 이렇게 시작한다. 첫째, 명상 상태에서 오늘 하루 동안 느낀 감정과 떠오른 생각을 잠시 들여다보고 기록한다. 둘째, 그 안에서 내가 배운 점, 또는 반복하고 싶지 않은 실수를 정리한다. 셋째, 내일의 나를 위한 작은 다짐이나 실행 계획을 세운다. 리플렉테이션은 감정과 경험을 흘려보내는 것이 아니라, 그것을 기록하고 해석하며 나만의 의미를 부여하는 과정이다. 나 역시 이 루틴을 통해 실수를 줄이고, 다음 날을 더 유연하게 맞이할 수 있었다.

이런 자기성찰의 시간은 자존감을 높이고, 자기 인식을 확장시키며, 더 나은 결정을 돕는다. 특히 감정의 원인을 탐색하고, 내가 왜 그렇게 반응했는지를 들여다보는 '마음의 근육'이 단단해진다. 그 결과 감정에 휘둘리는 대신 감정을 다루게 된다.

리플렉테이션은 글쓰기, 명상, 질문 던지기, 책 읽기 또는 믿을 수 있는 사람과의 대화 등 다양한 방식으로 가능하다. 중요한 건 '조용한 시간'과 '자기에게 솔직한 태도'이다. 그 시간은 나를 나답게 만드는 가장 정제된 루틴이 된다.

특히 잠들기 전 입력된 정보는 무의식에 깊이 자리 잡기 때문에 나는 이 시간을 가장 신성하게 여긴다. 아침엔 감사와 현존으로 나를 채우고, 저녁엔 성찰과 미래의 나로 나를 정렬한다. 이 루틴이 있었기에 나는 이혼, 부모상, 사춘기 아이들과의 동시다발적 위기 속에서도 내면의 평온함을 지켜낼 수 있었다.

명상과 자기계발을
병행하는 방법

초등학교를 졸업한 후 그때 친구들을 만나본 적이 있는가? 초등학교 때는 공부를 잘하고 못하고, 집이 조금 잘 살고 못 살고 그 정도의 차이뿐 고만고만한 아이들이 중고등학교에 가면서 차이를 보이는 경우가 있다. 공부 잘하고 키 크고 예쁘던 반장 친구가 특출하지 않은 평범한 학생이 되어 있는가 하면, 너무 얌전해 존재감이 없던 친구는 카리스마 뿜뿜 풍기는 동네 남학생들의 로망이 되어 있다.

대학에 가서 만난 친구들은 더 놀라운 차이를 보였고, 사회 초년생 때부터 다른 길을 걷기 시작하더니 30대 40대가 되어 만나면 너무 다른 세계에서 사는 다른 종류의 사람들이 된다. 지금 50대가 되어 더 이상 연락이 닿는 초등학교 친구들은 없지만, 대학 친구들이나 승무원 초년생 때의 친구들을 만나면 각자 너무 다른 삶을 살고 있고 관심사가 달라 대화조차 못하는 경우가 종종 있다.

많은 경우 50대가 된 지인들을 만나면 여기저기 아프기 시작한 몸이나 늘어나는 약의 개수, 자식과 관련된 이슈들, 부모님의 병환 등을 이야기하며 마치 삶이 다 끝난 듯, 더 이상 새로운 것을 시작하는 것은 불가능한 것이라는 듯 체념의 대화를 한다.

나는 나이가 들수록 점점 더 깊어지고 성장하고 있고, 이제야 내가 삶에서 얻은 것들이 농익어서 세상에 내놓고 나눌 수 있을 만큼 된 것 같은데, 이제야 이 세상에 내가 태어난 목적이 무엇이었을까를 고민하면서 내가 기여할 수 있는 일을 생각하며 가슴 설레고 있는데, 다 끝났다니… 무엇이 우리를 이렇게 다르게 존재하도록 만들었을까? 나는 그것이 작은 습관의 차이라 생각한다. 《아주 작은 습관의 힘(Atomic Habits)》의 저자 제임스 클리어(James Clear)의 말대로 습관이란 규칙적으로 수행되는 일상이나 행동이며, 많은 경우 자동으로 수행된다. 작지만 일관된 습관을 축적하면 궁극적으로 시작했을 때는 상상도 할 수 없었던 결과를 가져오게 된다.

매일 아침 양치질하듯 아무 생각 없이 행하는 건강한 루틴이 있는 사람과 없는 사람을 비교했을 때 10년 뒤의 그들의 삶에는 얼마나 큰 차이가 있을지 생각해 본 적이 있는가? 나는 아침에 하는 루틴이 있었지만, 유방암에 걸렸던 7년 전부터는 업무를 시작하기 전에 이미 몸과 마음을 긍정적으로 세팅하는 확실한 아침 루틴과 하루를 마무리하게 도와주는 저녁 루틴이 생겼다.

나는 습관을 만들 때 기존의 습관에 얹어서 새로운 습관을 만든다. 그렇게 하면 기존의 습관을 할 때 자동으로 새로운 행동을 하게 되어 기억을 할 필요가 없어진다. 예를 들어 나는 익숙한 행동하기(양치질)을 할 때 왼손을 사용하며 새로운 행동하기(스쿼트)를 같이 한다. 이제는 양치질, 익숙하지 않던 행동 익숙해지기(왼손 사용), 스쿼트가 모두 하나의 습관으로 합쳐져 양치질은 왼손으로 하는 것, 스쿼트를 같이 한다는 습관 회로가 내 뇌에 장착되었다. 그리고 이때 몸의 감각을 느끼고 올라오는 감정을 바라보며 현존을 연습하는 시간이기도 하다. 결국 나는 네 가지를 한 번에 하는 '아주 작은 습관의 힘'을 개발한 것이다.

**마음의 하드웨어와
소프트웨어 업그레이드**

생각도 습관이다. 우리가 같은 생각을 계속하면 같은 회로를 두뇌에 보내면서 마음의 길이 고속도로처럼 단단하게 생긴다. 그러다 보면 어떤 마음이 자동으로 작동하고 생각이 자동으로 올라오게 되는 거고, 내가 계속 생각하는 것들이 현실에 나타나게 된다. 그러면 뇌를 리와인드시켜야 하며, 그 첫걸음은 부정적인 마음이나 감정이 올라오면 그냥 알아차리고 바라보는 것이다.

이 부정적인 감정들은 알아봐달라고 떼쓰는 아이와 같아서 평가하지 말고 바라보면 곧 사라진다. 또 올라오면 또 바라보고 내려놓고, 또 바라보고 내려놓고를 계속하면 언젠가는 올라오지 않게 된다. 이렇게 감정을 비우고 나면 지금 현재 내가 이미 가지고 있는 것을 생각하고 그에 대한 감사함을 느낀다.

나는 겨울 아침에 피어오르는 안개와 푸른 잔디(영국의 잔디는 겨울에 더 푸르다)가 어우러진 모습을 볼 수 있는 눈이 있고, 스타벅스에서 맛차라떼를 매일 사 먹으며 이 책을 쓸 수 있는 경제적, 시간적 여유가 있다. 사랑스러운 아이들이 학교에서 돌아오면 "추웠지?" 하며 손을 비벼줄 수 있고, 따뜻한 집밥을 해줄 수 있게 재택근무가 가능한 전문직이 있다. 그리고 나는 내가 가진 모든 것에 정말 감사하다. 이렇게 내가 지금 누리고 있는 것에 중점을 두고 감사함을 느껴보는 것에서부터 긍정적인 뇌로 바꾸기 시작하는 것이다.

우리의 마음을 컴퓨터에 비유해, 하드웨어는 우리의 믿음이고 소프트웨어는 우리가 매일의 일상을 살아가는 방법, 즉 인생 시스템(system for living) 혹은 습관이라고 할 수 있다. 자기 계발을 통해 새로운 믿음으로 교체함으로써 우리 마음의 하드웨어를 업그레이드하고, 우리 삶을 영위하는 모든 측면을 시스템화하고 끊임없이 업그레이드함으로써 우리 마음의 소프트웨어를 업그레이드해서 항상 최고 버전의 나로 살아갈 수 있게 된다.

하드웨어만 교체하고 소프트웨어를 업그레이드하지 않으면 큰 의미가 없는 것처럼, 믿음을 새로운 믿음으로 교체하고 동시에 내가 매일 이 세상을 살아가는 방법도 끊임없이 업그레이드해야 진정한 변화를 경험하게 된다.

우리가 어떻게 잠을 자고 어떤 음식을 먹고 어떻게 운동을 하고 어떻게 읽고 어떻게 일하는지 등등, 거의 무의식적으로 하는 일상의 행동들을 의식적으로 바라보고 업그레이드한다면 우리 일상의 모든 면이 최적화될 수 있다. 예를 들면 같은 시간 잠을 자더라도 숙면을 취하는 방법들을 실행하면 다음날 최적의 상태로 깨어날 수 있다. 음식도 당분이나 가공식품을 배제하고 유기농 자연식품을 먹어 우리 몸이 필요한 모든 영양소를 제공한다면 건강하게 우리가 하고자 하는 일들을 할 수 있게 된다.

나만의 루틴 구축하기
20/20/20 법칙과 실천 사례

나는 억만장자이자 베스트셀러 작가인 로빈 샤르마(Robin Sharma)가 조언한 것처럼 매일 아침 최소 1시간을 내 자신의 성장을 위해 쓴다. 로빈 샤르마는《변화의 시작 5AM 클럽(The Five AM Club)》이라는 책에서 아침에 20분은 운동에, 20분은 명상에,

20분은 배움을 위해 사용하라는 20/20/20 규칙을 소개한다.

  20분 동안 운동을 하면 피가 순환되고 땀이 난다. 땀을 흘리면 스트레스와 두려움과 관련된 호르몬인 코르티솔(cortisol)이 감소한다. 또한 새로운 신경회로를 더 빠르게 생성하고 뇌 세포를 복구하는 데 도움이 된다고 말한다. 20분 동안 명상을 하거나 그날의 큰 목표와 해야 할 일을 시각화하거나, 아이디어나 영감을 주는 생각을 일기로 기록하면서 조용한 아침을 맞으면 어떤 날이 오더라도 차분하게 맞을 수 있는 인내심이 생긴다. 마지막으로, 20분 동안 정말 관심 있는 책을 읽고 존경하는 사람을 공부하거나 온라인 과정을 수강한다. 이렇게 진심으로 관심 있는 분야의 학습은 뇌가 무감각해지는 몇 시간의 소셜 미디어, 뉴스, 무의미한 엔터테인먼트보다 훨씬 의미가 있다.

  나는 아침에 일어나면 자동으로 하는 일들이 12가지 이상이다. 우선 알람을 일어나야 하는 시간보다 15분 정도 일찍 셋업 해놓는다. 15분 동안 내 삶, 내 일, 내 자신에 대해 감사한 일들을 각 3가지씩 생각하고 감사함을 느낀다. 그리고 우주 명상으로 확장된 시각으로 미래를 창조한 뒤 하루를 어떻게 보낼 건지 시간대별로 구체적으로 상상해본다. 그리고 하루를 어떤 에너지에 둘러싸여 보낼지 내 의도를 정한다. 어떤 날은 풍요가 되기도 하고 어떤 날은 효율, 어떤 날은 행복이 되기도 한다.

  그제서야 천천히 일어나 디톡스 티를 500ml 정도 마시며 내 몸의 갈증을 채우고 독소를 제거하는 데 도움이 되도록 한다. 꿈에서 어떤 영감을 얻었다면 그것을 잊지 않기 위해 다이어리에 기록한다.

요가를 하거나 집 앞 공원을 달리는 등 최소 30분가량 운동을 하고 돌아와 드라이 브러시 샤워를 하고 아침을 먹는다. 평상시 아침은 시간을 절약하면서 필요한 모든 영양소를 섭취하기 위해 유기농 견과류와 귀리, 카카오닙스, 마른 구기자를 넣고 집에서 만든 그래놀라에 아마씨가루, 치아씨를 넣고 코코넛 요거트와 아몬드 우유를 넣어 먹는다. 그리고 나서 20분 정도 자기 계발에 관련된 활동, 책을 읽거나 온라인 강의를 들은 후 업무를 시작한다. 이렇듯 나는 아침에 업무를 시작하기 전에 이미 12가지의 건강한 루틴을 마친 상태로 하루를 시작한다.

저녁이 되면 요가나 다른 운동을 하고 엡섬 소금과 아로마 오일을 넣은 욕조에 20분 정도 앉아서 독소를 제거하고 몸이 필요한 미네랄을 흡수하게 한다. 저녁에 목욕을 하면 잠자리에 들 10시경에는 몸의 온도가 낮아져 숙면을 취할 최적의 조건이 된다. 10시경에 잠자리에 들어 그날 경험한 매직을 다이어리에 적고 누운 상태에서 호흡 명상을 하고 다시 한 번 감사한 것들과 미래의 나와 합일이 되며 잠이 든다.

내 루틴은 계속 추가되고 변화하지만, 지금의 루틴을 시작하기 전에 비해 내 몸은 더 건강하고 근육량이 늘어 강해졌고, 편안한 마음으로 지내는 시간이 훨씬 많아지고, 화가 나는 순간을 의식해서 화를 막을 수도 있게 되었다. 나에게 상처를 준 나 자신과 다른 사람들을 용서할 수 있게 되었고, 정신적으로 많은 성장이 있었고, 지식도 깊어졌다. 무엇보다 내 내면의 소리를 들을 수 있게 되고, 내가 누구인지 알게 되는 정말 소중한 경험을 하게 되었다.

우리 주변 환경은 감정의 수영장과 같다. 우리(이때 우리/나는 '관찰자로서의 상위자아'가 아니라 '인간 경험을 하는 나'를 의미한다)는 그 안에서 헤엄치는 물고기와 같다. 그러니까 물을 깨끗하게 유지해줘야 하지 않겠는가? 어느 여론 조사에 의하면 고소득층이 하루에 TV를 시청하는 시간은 저소득층의 1/5에 불과하다고 한다. 그들은 무엇을 볼지 신중하게 선택하고 자신에게 도움이 되는 프로그램을 보는 반면 저소득층은 아무거나 닥치는 대로 말초신경을 자극하는 프로그램에 자신을 노출시킨다고 한다.

우리의 수영장을 깨끗하게 유지하기 위해 매일 조금씩 하는 것들의 리스트를 만들어보자. 시간 관리를 하지 않고 나를 관리하는 것이다. 시간은 의식하지 않으면 내 의지와 상관없이 지나가 버리기 때문에 매일 조금씩 천천히 성장하는 데 집중해야 한다. 어떤 일이든 꾸준히 하는 습관을 가지면 그 일이 이루어진 것으로 보상을 받는다. 그러면 그 성공을 바탕으로 다른 성공을 할 수 있게 된다.

작은 일부터 시작하자. 아침에 10분 먼저 일어나 하루를 상상해 본다든지, 푸시업을 매일 1개씩 더 많이 해본다든지 하는 것 말이다. 이런 작은 것들을 꾸준히 하다 보면 양치질하듯 습관이 되고 어느 날 마음 근육이 튼튼해지고 몸 근육도 튼튼해진 자신을 보게 될 것이다. 습관은 처음에는 내가 만들지만 그 다음부터는 습관이 나를 만든다.

명상을 통한 자신감 회복과
내면의 단단함 기르기

퓨처 셀프와의 만남_
또 하나의 나와 연결되기

자신감이 떨어질 때 우리가 보통 하는 문제 해결법은 현재의 나로 충실하게 살며, 현재의 내가 할 수 있는 것을 기준으로 더 나은 미래를 설계하는 것이다. 하지만 나는 '꿈을 가져라, 현재를 살아라'는 말은 충분하지 않다고 생각한다. 현재의 나로서 문제를 해결하려 한다면 내가 볼 수 있는 시야나 생각에 한계가 있어, 결국 '나는 안 될 것 같다'며 스스로를 깎아내리고 좌절하게 된다.

이럴 때 내가 원하는 모든 것을 이룬 미래의 나, 퓨처 셀프(Future Self)[25]로서 문제를 바라보면, 시야가 훨씬 넓어져 상상도 못한 방법으로 문제를 해결할 수 있다. 그리고 이는 자신감 회복과 내면의 단단함을 기르는 데 도움이 된다. 퓨처 셀프로서의 시야를 가진다는 것은 단순한 상상력을 키운다는 게 아니라, 실제 내 안에 존재하는 가능성의 나를 선택해 현재로 끌어다 쓰는 작업이다. 미래의 자신과 현재 자신의 연결 고리가 생길 때 비로소 현재의 자신에게 에너지를 쏟을 수 있게 된다. 내가 미래 자신과 현재 자신을 연결해 오늘을 사는데 활용하는 방법은 다음과 같다.

1. 눈을 감고 조용히 호흡에 집중한다.
2. 우주 명상을 통해 나를 우주보다 큰 존재로 확장시켜 내 안에 무한한 가능성이 있음을 느낀다.
3. 그 상태에서 3년 뒤 창조하고 싶은 미래의 나를 선택한다. 나는 어디에서 누구와 어떤 이야기를 하고 있는지, 무슨 일을 하고 있는지, 어떤 삶을 살고 있고, 어떤 사람들과 어떤 관계를 맺고 있는지 등등 자세하게 오감을 이용해 느낀다.
4. 아무런 불안감 없이 내면 깊은 곳에서 차오르는 충만함을 느끼며 미래의 내가 현재의 나에게 "고마워, 덕분에…"로 시작해 미래의 내가 이룬 모든 것들을 현재의 나와 나누고 오늘을 잘 산 나에게 감사를 전한다.
5. 3년 뒤의 내가 되기 위해 1년 뒤의 나는 무슨 일을 하고 있는지, 어떤 모습인지, 어떤 선택을 하면서 살고 있는지 등

1년 뒤의 나로 살아본다.
6. 3년 뒤, 1년 뒤의 내가 되기 위한 3개월 뒤의 나로 살아보고, 한 달 뒤, 1주일 뒤의 나로 살아본다.
7. 3년 뒤의 모든 것을 다 이룬, 기쁨에 충만한 나로서 오늘 하루 어떤 경험을 하게 될지를 구체적으로 그려보고 오감을 이용해 느껴본다.
8. 이제 눈을 뜨고 각 버전의 미래를 퓨처 매핑[26]과 마인드맵을 이용해 기록해 둔다.

나는 아주 오랫동안 아침에 눈을 뜨면 불안했고 평소에도 불안감을 많이 느꼈다. 불안은 항상 불확실한 미래에 대한 두려움에서 시작된다. 하지만 이렇게 내 미래의 버전을 내가 선택하고 창조할 수 있다는 것을 알게 되고, 그 미래의 나로서 사는 훈련을 하게 되면서 불안이 현저하게 줄었다. 한층 성숙하고 단단한, 가능성을 현실로 만들어낸 나의 미래 모습으로 현재를 살기 때문이다.

뇌과학 연구에 따르면, 우리의 뇌는 미래의 나를 생각할 때 다른 사람을 생각할 때와 유사한 방식으로 반응한다고 한다. 즉, 미래의 나를 또 하나의 나로 보는 자기 객관화가 가능해지는 것이다. 이렇게 미래의 자신과 연결되어 자기 객관화가 가능해지면 장기적인 관점에서 올바른 선택을 할 수 있게 되고 장기적인 목표 달성이 쉬워진다. 미래를 선택해놓고 그에 따라 행동을 하는데 그 미래가 이루어지지 않는 게 오히려 이상하지 않은가. 결국 미래의 나와 연결되면서 자신감은 물론 당장의 유혹에 흔들리지 않는 단단한 내면을 가질 수 있게 된다. 이렇게 끌어당김의 힘을 스스로 만들면서 스스로 임파워하는 삶은 자유롭다.

기프트 박스
120퍼센트 행복해진 내가 보내는 선물

내가 퓨처 매핑을 배우며 함께 배운 '기프트 박스(gift box)'라는 툴은 자신감을 회복하고 내면을 단단히 다지는 데 효과적인, 단순하면서도 강력한 도구이다. 이 도구는 미래의 나, 120퍼센트 행복해진 내가 지금의 나에게 선물을 보내는 상상 명상이다. 여기서 '120퍼센트'란 단순한 외적인 성취나 만족을 넘어, 내면 깊은 곳에서 넘치는 충만감과 안정감이 깃든 상태를 말한다. 이 명상은 마치 영화 인터스텔라처럼, '미래의 나(퓨처 셀프)'가 현재의 나에게 신호를 보내고 있다는 전제에서 출발한다. 우리는 그 메시지를 자주 놓치지만, 명상을 통해 감각을 열면 그 신호가 상징이나 이미지 혹은 직감의 형태로 떠오른다. 그 메시지는 내가 다음으로 어디로 향해야 할지를 알려주는 중요한 선물일 수 있다. 기프트 박스를 활용한 명상은 다음과 같이 진행한다.

1. 눈을 감고 조용히 호흡에 집중한다. 우주를 품듯 넓고 부드러운 호흡을 유지한다.
2. 그 상태에서 하나의 상자를 떠올린다. 그 상자는 120% 충만한 미래의 나로부터 지금의 나에게 보내온 것이다.
3. 상자를 자세히 살펴본다. 재질, 색감, 무게감, 온도 등을 생생하게 떠올려보자.
4. 상자를 열었을 때 떠오르는 장면, 물건, 문장, 감정 어떤 형식이든 떠오른 이미지를 느껴본다.
5. 그것을 받아 적는다. 이는 내 무의식이 혹은 더 높은 의식이 지금의 나에게 보내는 실질적인 힌트일 수 있다.

비슷하게 120퍼센트 행복한 미래의 자신 대신, 아인슈타인과 같은 천재에게 선물을 받는 것을 그려볼 수도 있다. 기프트 박스는 그저 기분 좋은 상상이 아니다. 심리적 시뮬레이션을 통한 내면 구축 훈련이다. 예를 들어, 로스쿨 시험을 비롯해 수많은 자격증 시험 준비를 하던 시절, 나는 시험장에서의 자신감 넘치는 눈빛, 또박또박 쓰는 손, 시험지를 넘기는 여유 등을 반복해서 시각화하며 훈련했다. 그 이미지를 기반으로 시험 준비를 하게 되었고 그 이미지가 쌓이자 실제 시험장에서 그 모습이 재현됐다.

내면의 단단함은 결국 반복된 시뮬레이션과도 연결되어 있다. 우뇌는 이미지와 감정을 기억하고, 우리의 뇌는 실제 경험과 생생한 시뮬레이션을 구별하지 못한다. 그렇기에 미래를 시각화하고, 그 미래로부터 '지금 필요한 조각'을 선물 받는 기프트 박스 명상은 매우 실질적인 훈련이다. 이 툴은 변화의 초입에서 흔들리는 나를 다시 붙들어주고, 무엇보다 '나는 이미 그 미래에 도달한 사람'이라는 믿음을 심어준다.

**브레인 덤프,
과거와 미래의 자신과 자유롭게 대화하기**

자신감을 잃은 날에는 복잡한 감정과 생각이 머릿속을 가득 채운다. 그럴 때 내가 가장 먼저 하는 일은 '브레인 덤프(brain dump)'다. 머릿속을 어지럽히는 모든 생각들을 주제도, 논리도, 판단도 필요 없이 종이에 그냥 쏟아낸다. 그저 있는 그대로 내 마음을 비워낸다. 이 과정을 거치다 보면 문득 반복해서 등장하는 단어나 문장이 눈에 들어오기 시작한다. 불안, 비교, 두려움, 혹은 책임 같은 단어들이 나를 계속 붙든다.

그 안에 오늘 내가 마주해야 할 '센터 핀(center pin)', 즉 내면의 핵심 주제가 숨어 있다. 그 단어를 붙잡고, 나는 명상을 통해 퓨처 셀프와 대화를 시작한다. 또 하나의 나에게 내가 가이드를 받는 것이다. 그 대화는 가끔은 조언이 되고, 가끔은 안심이 되며, 가끔은 행동에 대한 방향으로 이어진다. 지금 이 상황에서 가장 중요한 것은 무엇일까? 나는 무엇을 두려워하고 있는가? 그럼에도 불구하고 내가 정말 원하는 것은 무엇인가? 그것을 이루기 위해 오늘 내가 할 수 있는 가장 작은 행동은 무엇인가? 라는 질문을 던진다. 그 답은 항상 내 안에 있었다. 이와는 반대로, 내가 과거의 나에게 편지를 쓰거나 대화를 하는 명상을 할 때도 있다. 예를 들어, 지금의 내가 30세의 나에게 말을 건넨다.

"지금 서른의 나야, 다른 나라에서 혼자 새 출발하는 일이 무섭고 막막하겠지만 걱정하지 마. 너는 생각보다 훨씬 용감하고, 네 안에 크고 무한한 가능성이 있어. 네가 두려움을 무릅쓰고 나아간 그 발걸음 하나하나가 결국 오늘 나를 여기에 오게 만든 결정적인 힘이었어."

이런 시간의 대화는 과거와 미래, 그리고 현재의 나를 하나로 잇는다. 과거를 크게 뛰어넘은 자신의 힘을 알아차림으로써 커다란 미래의 나 자신과 연결된다.

자기 자신과 다시 연결될 때, 우리는 단지 자신감을 얻는 것이 아니라 존재의 일관성을 회복한다. 결국 자신감이란, 이미 모든 것을 이룬 나와 흔들림 없이 연결되는 상태이고, 내면의 단단함이란 그 미래의 나로서 지금을 살아내는 힘이다. 명상은 그 둘 사이를 잇는 가장 강력하고 실용적인 다리이다. 이 다리를 오갈수록, 나는 더는 미래를 기다리지 않고 그 미래를 지금 이 순간, 나의 삶 안으로 끌어오게 된다. 그리고 미래의 나는 늘 나와 함께 있었고 그 가능성은 지금 이 순간에도 이미 나의 일부라는 것을 의심 없이 알게 된다.

지속 가능한 변화를 만드는 도구들
미래에서 온 답장

변화는 누구에게나 어려운 일이지만, 진짜 어려운 것은 단기적인 변화가 아니라 지속 가능한 변화다. 몇 주간의 의욕이나 며칠의 다짐으로는 삶을 바꿀 수 없다. 지속 가능한 변화는 하나의 시스템을 필요로 한다. 그리고 그 시스템은 단순한 행동 계획이 아니라, 내면의 인식, 감정, 행동이 함께 일관되게 작동하는 변화 구조다.

이 장에서는 내가 오랫동안 사용해 온 실용적인 도구 세 가지를 소개하려 한다. 각각은 따로 봐도 강력하지만, 함께 작동할 때 그 시너지는 매우 깊고 오래간다. 바로 퓨처 매핑, 리버스 갭 분석, 그리고 고차원 질문을 통한 내면의 대화다.

미래에서 현재로_
퓨처 매핑이 열어주는 새로운 차원

일본의 컨설턴트 간다 마사노리가 고안한 '퓨처 매핑(Future Mapping)'은 그가 쓴 《스토리 씽킹》이라는 책에서 처음 소개되었다. 이 방식은 전통적인 목표 설정 방식과는 매우 다르다. 일반적인 목표 설정은 지금의 나를 기준으로 가능한 미래를 예측하고 계획을 세운다. 이런 방식을 Forecast 사고라고 부른다. 예를 들어 "작년에 월 30만 원을 저축했으니, 올해는 50만 원까지 늘려보자"는 식이다. 익숙하고 안정적이지만, 이 방식에는 상상력의 한계가 존재한다. 우리의 무의식은 과거의 기억에 갇혀 있고, 따라서 과거 기반의 계획은 현재 수준에서 크게 벗어나지 못한다.

반면 퓨처 매핑은 백캐스트(Backcast) 사고를 쓴다. 이는 '제로 베이스'에서 출발해, 이상적인 미래를 상상한 다음, 그 미래가 실제로 이루어졌다는 전제하에 현재를 다시 바라보는 방식이다. 예를 들어, 나는 베스트셀러 작가가 되어 있다는 상태를 마음속에 완성시킨 뒤, 그 작가가 오늘 하루에 어떤 루틴을 실천했는지를 거꾸로 상상해보는 것이다. 그리고 그 상상을 구체적인 행동으로 옮기는 것이다.

이 방식은 단순한 비전 보드나 긍정 확언과는 다르다. 미래를 그리는 것에서 멈추지 않고, 그 미래에서부터 현재를 역산해 실질적인 '행동 설계'를 만들기 때문이다. 예를 들어 내가 3년 후 TED 무대에서 내 이야기를 전하고 있다고 설정했다면, 오늘 해야 할 일은 '5분짜리 발표를 연습하는 것'일 수 있다. 이 작고 구체적인 행동, 즉 '베이비 스텝'이 비전을 현실로 이어주는 다리가 된다.

나는 매주 일요일 밤 일주일 후 관점에서 시작하는 퓨처 매핑을 그린다. 가끔씩 3년짜리, 1년, 3개월, 1개월의 맵을 그리고 그에 연결된 일주일짜리 맵을 그리는 것이다. 또한 매일 아침 단순화된 맵을 그리고, 프로젝트나 해결해야 할 문제 앞에서도 퓨처 매핑을 그린다. 이 방법은 내가 미래의 나와 연결되어 지속 가능한 변화를 만들 수 있는 효과적인 방법이다.

나는 얼마나 멀리 왔는가

다음에 내가 실천하는 루틴은 유명한 비즈니스 코치인 댄 설리번(Dan Sullivan)이 그의 책 《The Gap and the Gain》에서 소개한 방법으로 5년 전의 자신과 현재의 자신을 비교해 보는 리버스 갭 분석(Reverse Gap Analysis)법이다.

우리는 흔히 삶을 평가할 때, '아직 이루지 못한 것'에 주목한다. 지금 가진 것보다는 아직 가지지 못한 것에, 지금 이룬 것보다는 아직 못다 이룬 것에 더 눈이 간다. 댄 설리번은 그의 책 《The Gap and the Gain》에서 이처럼 현재를 미래와 비교하는 방식을 '갭(Gap)' 사고라고 부른다. 이 사고는 끊임없는 부족 감과 불만족을 만든다. 반대로 그는 현재를 과거의 나와 비교하는 방식을 게인(Gain)이라고 말한다.

나는 이 '리버스 갭 분석'을 나만의 루틴으로 실천하고 있다. 조용히 눈을 감고 앞에서 소개한 3MIQs(3Most Important Questions)의 각 부분을 떠올리며 5년 전의 나와 비교해, '나는 어떤 부분에서 성장했는가?'라고 내 자신에게 묻는다. 처음엔 아무 생각도 안 날 수 있지만, 감정과 몸을 조용히 들여다보면 아주 작은 변화들이 떠오르기 시작한다. 나의 경우 매일 명상을 하게 되었고, 매일 운동과 요가로 5년 전에 비해 건강해 졌고, 거의 감정에 휘둘리지 않는 더 성숙한 사람이 되었음을 깨닫게 된다. 그렇게 하나 하나 5년 전과 비교해 달라진 것들을 떠올리다 보면, 즉각적으로 행복 지수가 높아지게 되고 내 안의 자존감이 조용히 떠오르는 것을 느낀다. 나는 이 reverse gap의 결과를 밤에 자기 전에 수시로 떠올리며 감사함을 느끼는데 사용한다.

이 분석은 단기적인 성과나 성취보다 장기적인 정체성의 변화, 성장에 집중하게 만들며, 이 인식은 지속 가능한 동기 부여로 이어진다. 우리가 계속 나아갈 수 있는 힘은 '아직 모자란 나'가 아니라 '이미 여기까지 온 나'를 바라보는 눈에서 비롯된다.

질문은 내면의 문을 여는 열쇠

변화를 설계하고 자신을 격려했다면 이제는 더 깊은 곳으로 내려갈 차례다. 진짜 지속 가능한 변화는 결코 외부로부터 오지 않는다. 강의도, 책도, 코치도, 동기 부여는 줄 수 있지만, 행동의 근원은 늘 내 안에서부터 시작된다. 나는 지속 가능한 내발적 동기를 위해 '질문 명상'을 한다.

하루의 고요한 시간, 명상이 끝난 직후, 혹은 잠들기 전의 무의식이 열리는 시간에 나는 내 안에 질문을 던진다. 이 방법은 미국의 영적 지도자 마이클 벡위스(Michael Beckwith)가 그의 책 《Life Visioning: A Transformative Process for Activating Your Unique Gifts and Highest Potential》에서 강조한 실천이기도 하다. 그는 자신 안에 이미 존재하는 더 높은 지혜와 연결된 상태에서 질문을 던지고, 그 응답을 '받아들이는' 상태에 머물라고 제안한다. 그의 제안에 따라 나는 이런 질문들을 던진다.

나를 통해 지금 표현되려는 것은 무엇인가?
나는 지금 어디에서 성장하고 있는가?
나는 누구를 돕기 위해 여기에 있는가?
나의 다음 발걸음은 무엇인가?

벡위스는 이런 질문들이 우리의 무의식, 잠재의식, 그리고 더 높은 의식 상태를 깨우는 열쇠가 된다고 말한다. 그는 당신의 인생은 당신이 창조하는 것이 아니라, 당신을 통해 나타나는 것이라고 이야기하며, 그 '나타남'을 유도하는 가장 순수한 통로가 바로 질문이라고 강조한다.

실제로 우리의 뇌는 질문을 받으면 자동으로 답을 찾으려 한다. 당장 의식이 그 해답을 갖고 있지 않아도, 이렇게 오픈된 질문은 잠재의식에 씨앗처럼 심어진다. 그러면 며칠 후, 혹은 하루 중 어느 순간, 문득 책 속의 문장이나 누군가의 말, 직감이라는 형태로, 전혀 예상치 못한 방식으로 답장이 도착한다. 마이클 벡위스는 이것을 우주와의 협업이라고 부른다. 우리가 진심으로 묻고, 듣고자 할 때, 삶은 반드시 응답한다고 말이다.

이렇게 우주와 협업을 해서 내 삶에 지속 가능한 변화를 만들 때, 무엇보다 중요한 것은 생각에서가 아니라 감정에서 시작하는 것이다. 우리의 무의식은 말보다 감정에 더 반응을 하기 때문이다. 내가 가고자 하는 방향이 진정한 방향일수록 내 몸은 편안하고 확장된 느낌을 준다. 반대로 억지로 설정한 목표는 내면 깊숙이 어딘가에서 조용한 저항이 느껴진다. 그래서 감정을 말 없는 나침반이라고 일컫는다. 이 나침반은 우리가 인생을 설계하는 데 있어 반드시 필요하지만 이 나침반의 미세한 변화를 감지할 수 있도록 우리는 내면과 연결되고 깨어 있어야 한다.

이 모든 도구의 핵심은 하나다. 지속 가능한 변화를 위해 우리는 외부를 바꾸거나 외부에 맞추려 애쓰기 보다는 내 안의 구조를 설계해야 한다는 사실이다. 퓨처 매핑은 미래라는 지도를 주고, 리버스 갭 분석은 현재라는 위치를 확인시켜주며, 고차원 질문은 내면의 방향 감각을 일깨운다. 이 구조는 반복할수록 단단해지고, 한 번 형성되면 외부 자극 없이도 스스로 작동한다. 삶이 조금씩 달라지고, 그 변화가 또다시 다음 행동을 부른다. 그렇게 반복되는 작은 선순환은 어느 순간 '나의 삶의 방식'이 된다.

당신이 바라는 삶은 이미 가능하다. 다만 그 가능성을 당신이 먼저 믿고 연결해야 한다. 변화는 기다리는 것이 아니라, 지금 이 자리에서 창조하는 것이다.

에필로그

당신의 '무한한 존재'를 깨우는 기적의 비밀코드

승무원에서 시작해 영국에서 변호사, 세무사, 회계사 자격을 갖추고 대형 로펌의 파트너가 되기까지, 나는 한때 세상이 정한 성공 공식을 충실히 따라가는 사람이었다. 성실히 일하고, 끊임없이 노력하고, 남들이 부러워하는 타이틀을 갖는 것이 좋은 삶이라고 생각하며 달렸다. 정말 많이 달렸다.

남들이 부러워하는 삶을 살았지만, 내 안은 항상 공허했고 매일 아침 눈을 뜨면 불안했다. 그러다 인생이 던진 거대한 파도가 한꺼번에 밀려오면서 결국 멈춰 설 수밖에 없었다. 유방암 진단, 결혼의 끝, 완결하지 못한 채 부모를 떠나보낸 후의 깊은 상실, 그리고 사춘기 아이의 방황 속에서 흔들리는 나 자신… 그리고 깨달았다.

그 길 어디에도 '나'는 없었다. 나는 더 이상 나를 지탱해온

'과거의 에고'로서는 살 수 없다는 사실을 인정할 수밖에 없었다. 그렇게 홀로, 떨어져도 떨어져도 바닥이 보이지 않는 고통의 계곡으로 떨어져본 뒤에야, 내 삶의 모든 부분에서 내 존재 자체를 재설계하는 기술, 내 안의 무한한 가능성을 현실로 끌어오는 코드를 발견하게 되었다. 나는 그 코드를 '어번던스 코드(Abundance Code)'라 부른다. 나를 이 자리에 세운 것도, 나를 다시 일으킨 것도, 내 커리어와 관계, 건강과 삶의 모든 영역을 바꾼 것도 바로 이 코드였다.

그리고 명상은 그 길을 열어주는 액티베이터이다. 내가 만난 명상은 흔히 떠올리는 조용한 휴식이나 마음을 비우는 연습이 아니었다. 내게 명상은 마음을 다스리는 법을 넘어, 시간을 내가 원하는 방향으로 흐르게 하고, 미래의 나를 현실로 끌어오고, 사고의 폭을 우주만큼 확장시키며, 나라는 존재를 완전히 재정렬하는 어번던스 코드에 접속하는 유일한 열쇠였다.

내 본질인 무한한 가능성을 현실화시키며, 내 삶의 경험에 높은 의식으로 현존하고, 모든 부분에서 풍요를 즐기는 법을 체화하게 하는 이 코드는 누구나 작동시킬 수 있다. 그것은 우리 모두의 탄생 권리이며, 특별한 사람만 사용할 수 있는 비밀 도구가 아니다. 단지 대부분의 사람이 접근 방법을 몰랐을 뿐이다.

나는 이 책을 통해 당신은 이미 특별하고 무한한 존재이며, 당신의 삶이 '의도하는 대로' 창조될 수 있다는 사실을 상기시키고자 한다. 당신의 삶은 더 이상 과거의 재현이 아니라, 당신의 의식이 선택하는 방향으로, 당신의 존재가 설정하는 크기만큼 당신의 현실은 다시 쓰여질 것이다.

이 책에 포함되어 있는 체화 명상을 꾸준히 하면서 잠재력의 문턱을 넘는 순간, 당신도 나처럼 멀리 있던 가능성이 한꺼번에 현실로 밀려오는 '임계점'을 경험하게 될 것이다. In Lak'ech Ala K'in('또 다른 나'라는 의미의 마야 원주민 언어), 모든 무한한 존재들에게, 이제 당신의 코드를 켤 시간이 왔다. 이 책에서 깨어난 당신의 어번던스 코드는 당신을 놀라울 정도로 아름다운 자리로 이끌어줄 것이다.

미주

1) 이서윤, 홍주연, 《더 해빙》, 수오서재, 2020.
2) 이서윤, 홍주연, 《더 해빙》, 수오서재, 2020.
3) 영국 변호사 중 런던의 중심지인 City에서 일하는 변호사들을 City Lawyers라고 칭하며, 그들은 주로 금융, 상업, 인수합병, 국제거래 등의 업무를 하고 높은 연봉을 받는다.
4) Walter Isaacson, Einstein: His Life and Universe(2007).
5) 서승범, '퓨처 매핑' 세미나 중에서
6) 서승범, '퓨처 매핑' 세미나 중에서
7) Jeff Bezos, The Everything Store, 2013.
8) Option B, 2017.
9) Ashlee Vance, 《Elon Musk》, 2015.
10) 김영휴, 《여자를 위한 사장 수업》, 다른상상, 2019.
11) Walter Isaacson, 《Steve Jobs》, 2011.
12) Dalai Lama, 《The Art of Happiness》, 1998.
13) 김영휴, 《여자를 위한 사장 수업》(다른상상, 2019) 강의 중에서
14) 김영휴, 《여자를 위한 사장 수업》, 다른상상, 2019.
15) 김영휴, 《여자를 위한 사장 수업》, 다른상상, 2019.
16) Harvard Business Review, 2016.
17) Ashlee Vance, 'Elon Musk: Tesla, SpaceX, and the Quest for a Fantastic Future', 2015.
18) 윌리엄 스튜클리(William Stukeley)의 저서 《아이작 뉴턴 경의 회고록(Memoirs of Sir Isaac Newton's Life)》
19) Mihaly Csikszentmihalyi, Flow: The Psychology of Optimal Experience.
20) J. Krishnamurti, The Book of Life, 1995.
21) Zajonc, R. B., Emotion and facial efference: A theory reclaimed, Science, 1985.

22) J. Krishnamurti, Freedom from the Known, 1969.
23) Lakhiani, The Buddha and the Badass, 2020.
24) 물은 답을 알고 있다(The Hidden Messages in Water), 에모토 마사루; 웹사이트(www.masaru-emoto.net)
25) '퓨처 셀프'라는 용어는 벤자민 하디(Benjamin Hardy)의 책《퓨처 셀프(Future Self)》, 2022에서 인용했다.
26) 간다 마사노리,《스토리 씽킹》, 초록비책공방, 2021.